宇宙経営

12のメッセージ

—twelve messages—

お金と人間関係編

平井ナナエ

RTH出版

この本を
子どもたちのために……。
新しい未来を創造していく仲間のために捧げます。

はじめに

皆さん、こんにちは。平井ナナエです。

私の記念すべき一冊目が好評を頂き、続編の出版となりました。心より感謝申しあげます。

私が二冊目の本を出版するにあたって、バリに住む大富豪、映画『神様はバリにいる』のモデルにもなった丸尾孝俊さんから、推薦文をいただくことができましたので、まずはご紹介させてください。

求める人と出逢う。それが宇宙の法則。

我らが望郷同郷の大親友!!
あのリターントゥヒューマン
平井ナナエが遂に大望の第二弾発表!!

大阪下町人情の中に生誕し
情に熱く優しく過ごした日々を
思い起こしたかの一冊!!

幸せに成功するためには
欠かせない秘伝記が
丸ごと収まった集大成!!

「神様はバリにいる」

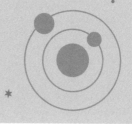

アニキ（丸尾孝俊）大推薦!!
大親友で家族同然
平井ナナエを
よろしくマクシマム!!

丸尾孝俊

私がマルさん（と、私は呼んでいます）と会ったのは、二〇〇九年のこと。

当時の私は事業で二千万円ものマイナスを抱え、どん底の状態にいました。事業はうまくいかない、社員は離れていく……。そんな状態で、とにかくなけなしのお金をかき集めて、マルさんに会いに行ったのを覚えています。

薄暗いレストランに現れたマルさんは、私にはどことなく大黒天さんに見えました。スリムだし、決して大柄でもないのに、まとっている雰囲気やオーラが、とても大きく感じたのです。その時の印象が、未だに脳裏に焼き付いています。

その時の私を見て、マルさんはきっと、何か感じるものがあったのだと思います。四時間か五時間、とにかくずっと、笑うことすらできなかった状態の私を腹の底から笑わせ続けてくれたのです。

その時、私は改めて決意しました。
「人に合わせるのはやめよう、本当の自分で生きていこう」

当時の私は、経営者として、どこかで周囲の人に合わせたり、社員に合わせたり、社会に自分を合わせようとしていたのだと思います。それを、やめようと思ったのです。

そして、そのことを思い出させてくれたマルさんに、三～四カ月に一度は必ず会いに行くようにしたのです。人間の習慣は、三〜四カ月で戻ってしまうと知っていたのでそのようなスケジュールを強制的に組み込みました。

何よりも大事な「初心」を忘れないためです。

そして、私は人に合わせない、自分に集中する経営にシフトしました。それがまさに「宇宙経営」です。だから、今の私があるのは、本当にマルさんのおかげなのです。

だからこそ、私は成功したら絶対にマルさんに恩返しをしたいと思っていました。感謝を口だけで終わらせるのではなく、「行動に移して形にあらわす」ことも決めていました。

そして、もし自分が復活して、まとまったお金を作れたら、マルさんへの恩返しにお金を使わせてもらおうと決めていました。

それから約十年経ち、バリ島のヴィラ建設計画がついに実現しました。マルさんからバリ島の土地を購入させていただき、「本来の自分に還る」きっかけになる場所「リターン・ヴィラ」を設立しました。感無量です。

マルさんに最初に会った当時、どん底だった私を現実にとらわれた視点で見るならば、マルさんから土地を買わせてもらえるようになるとは、とても思えない状況でした。しかし、本書でも紹介する「宇宙経営」を実践していくことで、こうしてそれが現実化したのです。

もし、人生でどん底だった約十年前のマイナス二千万を抱えていた当時の自分に、何か声をかけるとするならば。

自分の全てを許す。何もかも。人間だから。

「全部うまくいくから大丈夫だよ！」
「全ての経験が肥やしになるし、未来の力になるよ！」

こう言いたいと思います。

そして、この本を読んでくださっている方にも、同じことをお伝えしたいと思います。

私にも、どん底の時期がありました。でも、そこから全てうまくいく、と信じられた。そう思わせてくれる人や、仲間と一緒にいる、そういう環境を選ぶことを、ぜひしてみてください。不思議な力で、人生が変わっていきます。そのヒントをこの本にまとめました。

（　望んでいるから出逢う。　）

目次

（どんどん想いは叶っていい。）

第1章

なぜ、「引き寄せの法則」を使いこなせないのか

Message 1

全ての人が「引き寄せの法則」に従って生きている

思っても上手くいかないッ!
やっぱり思うだけで良いなんてウソだ!
コレが現実化してるんだヨ

少しでもいい。気が楽になるように。

わたしの処女作である『宇宙経営12のメッセージ』。

一作目に書かせていただいた内容を、二作目では、より事例を織りまぜながら「具体的にどう取り組めばいいのか」をお伝えできれば、という想いで書かせていただきます。

人は、生きているだけでいろんなことに悩まされます。悩むことが経験であり、人生の醍醐味であります。

しかし、悩んで苦しい感情が伴うのも事実。

その苦しさから逃れたくて、卒業したくて『宇宙経営』を手に取ってくださった人が多いことも感じています。

私も苦しくて、苦しくて、たくさんもがきました。その苦しさを、生きる楽しみ方に変化させて、今に至った経験から『宇宙経営』をお贈りします。

この地球に生きていればこそ、苦しみ、痛み、悲しさ、もどかしさ、など、たくさん味わうことがあります。

うまくいかなくて……どうしたらいいか分からなくなった時……この本が少しでも「楽しめる人生」への転換になっていただけたら幸いです。

宇宙経営とは、宇宙の法則に則って生きること。

すなわち、それは、自分の感性を大事にして生きることから始まる、と思っています。

私はそれを、楽読や、リターンスクールといったＲＴＨグループの事業を通じて、このことを皆さんに伝え続けていきたいと思っています。

人生とは、苦しい、悲しい想いもする。痛い想いをすることもある。

だけど……だからこそ……楽しい生き方も見つかる。楽しい生き方を味わえる。

そこには転換する方法があります。その方法を掴んでいただけたら幸いです。

一冊目の本の感想、あるいは講演会やお話会などで皆さんにお会いしてお話を伺うと、宇宙経営において必要不可欠な「引き寄せの法則」について、頭では理解しているけれど、使いこなせていない感じがしない、という方が多いようです。

本当のことを言えば、それすらも錯覚に過ぎません。

人はみな「引き寄せの法則」を使っている。というよりは、その法則に則って生きています。このことに、一切の例外はない、と断言します。

あなたの目の前に起きている現実は、誰が何と言おうと、あなたが引き寄せたもの。言い換えれば、あなた自身が創り出しているもの。これは、人間である以上、誰にとっても平等に、同じく言えることです。

気になっていることが良くなったことを想って。

例えば。地球上に暮らしていて、重力の影響を受けていない人は、誰一人いません。地球上で暮らしている以上、私たちは1Gという重力を受け続けています。これが「法則」です。実は、「引き寄せの法則」も同じことなのです。

大事なことなので、もう一度書きますね。

「引き寄せの法則」は、人間一人ひとり、全員に分け隔てなく、平等に働いている法則です。だから、あなたが目の前で見ているその現実は、間違いなく、あなたが引き寄せているものなのです。

ですから、本来であれば、誰もが自分の理想とする状態、自分が引き寄せたい現実を引き寄せることができるはずなのです。なのに、そうなっていないのはなぜなのか。私は、三つほどポイントがあるのでは、と感じています。

一つ目は、「思うだけでいい」の
「思うだけ」というところに
疑いを持っているということ。
しかも残念なことに、無意識レベルで、です。

多くの人は**「思っているだけでは、物事は現実化しない」と思い込んでいます。**もっと言うと**「思っているだけではダメだ」と考えている。**思うことが大事だ、大切だという信念を持てていないのではないか、と感じます。

私は元々、全てのものが「誰かが思ったから生まれた」と自然に考える人です。家にしろ、自動車にしろ、飛行機にしろ、誰かが思ったもの・ことが形になったと信じている。だから、初めて『引き寄せの法則』の本を読んだ時に「そのとーり！」と思ったんです（笑）。

（人の目を気にせず感じたまま動こう。）

あなたはひょっとしたら、「思う」ことよりも「動く」ことの方が大事だ、重要だと思ってはいないでしょうか。もちろん、行動することは尊いことですし、大切なことです。ですが**まずは「思う」こと。そして、「思ったことが現実化する」という信念を深めること。**これがとても重要なポイントではないか、と私は感じています。

メッセージ1の「まとめ」

【つまずきやすい原因】

「引き寄せの法則がある」ことを受け入れていない。

【うまくいくヒント】

「思ったことが現実化する」という信念を深めよう。

- 人間は重力と同じように、例外なく「引き寄せの法則」に則って生きている。
- 理想を現実化するためには、まず「思うこと」を許可する。
- 「思うこと」よりも「動くこと」の方が大事だという思い込みを外す。
- 「思ったことが現実化する」という信念を深めることが重要。

【人生を変えるワーク】

「思ったことが現実化する」ことを自分に許可していく。

□ あなたにとって、実現したら嬉しいこと、楽しいことを十個挙げてみましょう。

□ 「そのことが全て実現したら」を思い浮かべましょう。

□ 具体的な行動、実現しない理由は一切考えず、実現した時の気持ちに浸ってみ

選べば後で届く。

ましょう。

□ 一日五分、全ての理想が叶った気持ちになる時間を作りましょう。

Return to Human Episode1

俳優　池田直之（Ｎａｏ）

「理想と現実のギャップに悩み、自分を認められない」

「〇〇できていないから、自分はダメだ」「〇〇しないと、理想を現実化できない」というのは、現在の地球上において、とてもパワフルな思い込みです。しかし、これは順番が逆。自分を認めること、自分の理想を描くことを許可しないと、理想の状態を現実化することは難しい。現在の自分を認めた上で、理想を描き、そこから湧き出てきた想いやアイデアを行動に移すから、理想が現実化するのです。

池田直之さんは、一九六八年生まれ、名古屋出身。社会人経験を積んだ後、二十七歳で教師になりました。しかし、自分自身が描いていた理想と現場とのギャップに悩み、うつ状態に。教師は自分にとって最後の仕事、夢の仕事だと思っていたにもかかわらず、学校に行けなくなってしまった自分を責め、生きるか死ぬか、の選択も考えたことがあると言います。

その後、長年好きだった英語を使い、しかも憧れていた俳優の仕事を一番やりたい場所でやるために渡米、ロサンゼルスに拠点を移します。しかし、思うようにならない現実に悩んでいる時、あるイベントで平井ナナエと出会いました。

楽読とリターンスクールの受講を決めた池田さんは、少しずつ自分を認められるようになり、自分の本当の気持ちや理想を少しずつ表現できるようになっていったと言います。

Naoは、ロサンゼルスで活躍する俳優です。ロサンゼルスは映画の街で、世界中から数多くの俳優志望者が集まり、毎日のように映画祭が行われている場所。もちろん、日本からもたくさんの方がハリウッドの映画俳優になりたいという夢を持って訪れますが、**Naoほどの実績を残した人はいないのではないかな？**と思います。

渡米する前は日本で教師をしていましたが、様々な人間関係や、自分がなりたかった教師像とのギャップを感じてうつ状態になり、退職。二〇〇九年からロサンゼルスに移住して俳優として活動を開始しました。

子どもの頃から、Naoは俳優をやりたいと思っていたそうです。でも、あきらめていた。それが、うつ状態になった時に**「どうせ生きるなら、やりたいことをやりたい場所で、全力でやりたい」**と思い、渡米を決意したのです。

私と出会った頃のNaoは、**お金や生活のことをはじめ、様々な面でうまく進ま**

ない現実に悩んでいるけれど、誰にもそれを話せないという状態でした。そんな中、ロサンゼルスで開講した楽読とリターンスクールに申し込んでくれたのは、かなりの決意だったのではないかと思います。

そこでＮａｏは、自分と向き合う時間を過ごしました。リターンスクールの課題をやろうとしているけれど、できなくて、自分を責めてしまう。でも、**「やらないからダメじゃない」「意識していることが既に素晴らしい」**と、少しずつ思えるようになっていきました。

Ｎａｏにとって、「ねばならない」を手放すことができたのが、とても大きな変化だったと思います。Ｎａｏはとてもやさしい人。だからこそ、うつにもなるし、行動できない自分を責めてしまう。

でも、**この世の中に「ねばならない」ことなんて一つもありません。どういう理想を持つか、どういう状態が自分にとって最善か、それを思うことの方が大切です。**

そうして、自分が思ったことが現実化するという信念を持つようになってから、Naoの現実が変わり始めました。

その成果が、今出ているように感じます。**二〇一九年の二月、Naoはロサンゼルスにある、世界中を対象にした俳優評価団体の月間助演男優賞、同時に年間の助演男優賞候補にノミネートされました。**ちなみに、ロサンゼルスで活動している日本人俳優は二百人近くいますが、映画祭の賞を受賞した経験を持つ人は、数えるほどしかいません。

さらに、「この役を演じてほしい」とオファーをもらって映画への出演が決まることが増えてきたと言います。最近はオーディションを受けることなく、映画出演が決まることが大半を占めるようになってきた、と話してくれました。

二〇二〇年以降に公開予定の作品が、短編・長編合わせて三月の時点で四本（うち二本は主役）あり、そのうち三本はすでに撮影が完了。俳優としてのキャリアを着実に積んでいっています。

さらに去年と今年、ロサンゼルスの日本映画祭で実行委員長を務めたり、在米日本人が関わるイベントをボランティアとして支えるなど、アメリカの日系社会においても重要な役割を果たしています。

「楽しいことを創造して、その状態に居続ける」

Ｎａｏは、今の現実を創り出せている理由をこう説明してくれました。

全くその通りで、**行動すること以上に「思う」こと。**さらに、その想いが現実化して良いと自分に許可を下ろすこと。これが何より大切だということを、Ｎａｏの事例は教えてくれていると思います。

（想いを切り替えないと変わらない。）

Message 2

現実化までのタイムラグを理解し、認めること

ゴールまで
時間がかかるけど
あきらめないゾ

（ 春は来る。 ）

二つ目のポイントは、実際に思ったことが現実化するまでにはタイムラグがある、ということを理解し、認められているか、ということです。

『引き寄せの法則』や、ひょっとしたら、『宇宙経営12のメッセージ』を読んでくださって、**実際に「思ってみる」ことにチャレンジした人もいるのではないかと思います。でも、一向に現実化しない、引き寄せられない。これも「あるある」だと思います。**

ここで一つ、改めてお伝えしておかなくてはいけない、と思うことがあります。

この世界では、思ったことが現実化するまでに一定の時間がかかるということ。

なぜか。

そうでないと、ある意味「危険」だからです。

もし、思ったことがすぐに現実化する世界だったら……。「火事が起きたらどうしよう」と思ったことが、すぐに叶って、火事になってしまう。私が旦那さんに「消えてほしい」と思ったら、すぐに消えてしまうことになってしまいます（笑）。

現実化までのタイムラグについて本当にわかっていないと、**せっかく理想を描いたとしても、現実化する前に思うことを止めてしまい、あきらめてしまうということを引き起こしてしまうことになります。**「あ、思っていてもやっぱり現実化しないんだ」と思えば、残念ながら「現実化しない」が現実化してしまうことになってしまうのです。

これは、私に言わせれば**「現実に負けてしまっている」**状態です。目の前で繰り広げられている現実は全て、言ってみれば過去です。「私は理想を描こうとしている。つまり、現在から、未来を創ろうとしている」。そう考えたならば、現在＝現実に影響を受ける必要はありません。もっと言えば、現実に引っ張られていては、理想を描けなくなってしまうのです。

だからこそ、**自分の理想、現実化したいこと、叶えたいことだけに想いを馳せる、見続ける練習、トレーニングが必要なのです。**『宇宙経営12のメッセージ』では、例えば「幸せの五箇条」や「ワクワク計画書」といったトレーニング方法を詳しく書いています。

一つ目のポイントでも書きましたが、多くの人の中に「思うだけでは叶わない、実現しない」という思い込みが根強くあると感じます。そのため、自分の理想を想うことにチャレンジしてみても、なかなか現実化しないと「やっぱりね」と思ってしまいがちです。これでは、**「思っただけでは理想は現実化しない」ということへの思いを強くしてしまいます。**

さらに踏み込んで書くと、理想を描いて、願っているのにもかかわらず、現実化しない。あるいは、逆にトラブルや願っていないことばかりが起こる。こういうことも

出逢いは運命。

あるかと思います。

そのような時、多くの人は「やっぱり、思っただけでは現実化しないんだ」と思ってしまいます。そしてさらに、「思っただけじゃ叶わないじゃないか」という想いを強めてしまいます。しかし、本当はそうではないのです。

その時こそ、
むしろ「チャンス」なのです。

繰り返しになりますが、私たちが見ている目の前の出来事は、全て私たちが創り出しています。望むことも、望まないことも、です。**自分が望んでいない現実が起きているとするならば、無意識の中に、自分が望まない情報が入ってしまっている可能性が極めて高いのです。**

自分の理想を想うことは、意識的にやっていきますが、有意識で思うことや、願ったりしたことが必ずしも現実化するとは限りません。

むしろ、無意識の方がパワフルなので、無意識で思っていることほど、現実化してしまいます。だからこそ**自分が望まない現実が起きた時が自分の無意識に入っている要らない情報に気付くチャンスなのです。**

メッセージ2の「まとめ」

【つまずきやすい原因】

やってもすぐに結果が出ないと、あきらめてしまう。

【うまくいくヒント】

理想を描き続けよう。

- 理想を描き続け、現実化するまでエネルギーを向け続けるためには、ある程度の練習が必要。
- 目の前の現実に負けずに、どれだけ理想を見続けられるか？描き続けられるか？が現実化の大きなポイント

【人生を変えるワーク】

理想にエネルギーを向け続ける。

□「仕事」、「お金」、「パートナー」、「健康」、「家族」の各項目について、理想の状態をノートに書き出しましょう。

□朝起きた後、夜寝る前に、ノートに理想の状態を書きましょう。

□ 移動中や時間のある時には、ノートに書いてある理想の状態を眺めましょう。
□ 先に出たワークと同様、理想が叶った状態に浸る時間を一日五分、確保しましょう。

Return to Human Episode2

楽算メソッド考案者　秋畑誠（あっきー）

理想を描いたら、すぐに現実化すると思っている

思ったことが現実化するはずなのに、どうして現実化しないのか？　と思うこともあるでしょう。その場合、思う↓現実化する、のタイムラグが起こっている可能性があります。それを知らずに理想を描いているのに、現実化しない。だから止めてしまう……ということを繰り返していると、「思っても現実化しない」という状

（現実が変わるまで焦らないで。）

態を現実化させてしまうことになり、その信念をさらに深めていくことになりかねません。

自分が「現実化してほしい」と思うタイミングよりも遅かったとしても、必ずその時は来る。そういう思いで自分の理想にエネルギーを注ぎ続けることができれば、理想の現実化はすぐそこまで来ています。それができれば、あとは、楽しみにその時を待つだけです。

秋畑誠さんは一九七四年、東京都北区で生まれました。一九九九年に電気通信大学大学院を修了後、某大手家電メーカーに入社します。

当初はエリート街道を突き進んでいったものの、業務過多や過労のため心身の不調をきたし、出世コースを外れます。

会社員当時、秋畑さんは自身を振り返って「人の気持ちを察したり、『行間を読む』ということができない超ロジカル人間でした」と言います。

会社と家の往復しかない日々。仕事もやる気が出ない状況の中で楽読と出会い、「モノづくり」から「ヒトづくり」への転身を決意します。そして、二〇一五年に東京・駒込に楽読スクールを開校。開校初月から新規契約数で全国一位となるなど、大成功をおさめます。

その後、独自の思考法を使って自己啓発の思考法を解析、シンプルな数式に当てはめることで、誰にでもわかりやすく伝えられる『楽算メソッド®』を開発。現在は楽算メソッドを伝える楽算アカデミーや楽算コンサルを展開する傍ら、楽算メソッドを紹介する著作も発表。次の展開へ向けた活動の準備を着々と進めています。

あっきーは元々大手家電メーカーに勤務していましたが、業務過多や過労のために出世街道から外れ、楽読と出会いました。元々は娘ちゃんが楽読を受講していて、奥さまから「あなたに必要な気がする」と言われて始めたのだそうです。

（　優しさを認める。　）

あっきーは小学校四年生の時のIQテストで日本一になったほどの頭脳の持ち主。そのせいもあってか、**会社員時代はとにかくロジックを重視して、人の気持ちや感情を全く理解しようとしなかった、「察する」ということができなかったそうですが、楽読に出会い、ある意味での「完璧さ」を外し、「適当、いい加減で良いんだ！」という意識転換を迎えました。**

あっきーは楽読で脳のバランス、整体で身体のバランスを整えるというコンセプトで楽読スクールを立ち上げ、すぐに実績を上げました。それと同時に、**彼の中で「思考を整えられるのは、自分しかいないかも」という想いも同時にあったのだそうです。**

彼の根っこにあるのは、人とは違う思考法。例えば、数式の解き方でも「こっちの方が美しい」という、通常とは違う独自の解法を持っています。また、自己啓発を学んだ時、「こういう数式に当てはめると、もっとわかりやすく説明できる」という、独自のアイデアがある。それが、現在あっきーが展開している「楽算メソッド」の原型になっています。

二〇一四年に会社を辞めて独立した際、あっきーは二つの未来を決めました。一つは、退職した会社に講演で呼ばれること。もう一つは、書籍を出版すること。期限を六年後の二〇二〇年に設定していましたが、いずれも期限通りに実現しています。

特に書籍に関しては、出版社と企画の打ち合わせや、編集部の部長決裁まで進むにもかかわらず、なぜかNGが出て出版が決まらない時期が続きました。中には「テーマを変えてくれたら出版したい」という逆オファーもあったそうですが、**あっきーは楽算メソッドの本を出す、という想いを曲げずに断りました。**

それができたのは、あっきーは、こうした諸々の出来事は単なる「タイムラグ」だということを知っていたからです。しかし、その一方で自分の無意識の中に「アクセルを踏んだら、大変なことになる」という想いがあることにも気が付いたそうですが、それは自分にとって不要なもの。「アクセルを踏んでも良い、大丈夫」と無意識を書き換えることを続けたことで、話は急展開を迎えました。

まず、「ぜひ楽算メソッドのテーマで出版したい」という出版社が現れます。さらに、堀江貴文さんの書籍を担当したライターさんと出会い、あっきーの書籍を担当することになったのです。

もし、あっきーが理想を見続けることなく、出版社の依頼を受けて別のテーマで出版することに同意していたら……。ひょっとすると、楽算メソッドをテーマにした本を出すことができなかったかもしれませんし、堀江貴文さんの本を書いたライターさんに担当してもらうこともなかったかもしれません。

そう考えると、神業的に「ズラされた」と私は感じずにはいられません。全て完璧なタイミングで、理想とする出版社、一緒に仕事をする人と出会うために、それ以外の出版社からは断られ続けたと言えます。理想を想い続けることの大切さがわかるエピソードではないかと思います。

Message
3

「人間的無意識」と「宇宙的無意識」があると知る

目の前の現実は内在した自分の情報。

少し複雑な話になりますが、**私は人間の「無意識」には、二種類あると思っていま す。**これはあくまで私の個人的な感覚でしかありませんが、そう感じています。

一つは「人間的無意識」です。人間としてこの世に生まれてから今まで、見てきたもの、聞いてきたこと、あるいは世間の常識、親や周囲からの情報、自分が育ってきた環境などから影響を受けているもの。

私の場合で言えば、関西弁をしゃべっているとか、話す時に自然と手を動かしていることなどです。これは意識してやっているわけではありません。しかし、子どもの頃からの蓄積や環境からの影響を受け、無意識にそうしているわけです。

もう一つが「宇宙的無意識」です。宇宙的無意識というのは、生まれてくる前の自分が、この人生はどう生きるかを決めてきた人生のシナリオや、自分の内なる存在と対話することで聞こえてくるもの。これも決して、顕在意識、有意識で認識できるものではありません。

そこで必要になるのが、**人間的無意識をできる限り排除し、掃除し、要らないものは要らないと決めることです。もちろん、人間的無意識でも、何もかも手放す必要はありません。要ると思うものは残しておけばいいのです。**

自分の中にあった要らない無意識の情報を削除していくことで、徐々に自分の中の内なる存在、あるいは自分の中の神様、仏教用語では「仏性」と呼んだりするようなものが現れてくる、と私は感じています。

もし、理想を描き、自分の想いにどれだけエネルギーを注いでも現実化しないと感じるとするならば、**過去の経験や教育、マスコミからの情報など、生まれてきてから自分が無意識に取り入れてきた情報や知識によって、望まない現実が起きている可能性が大いにあります。**

その時は、「なぜこういう現実が起きているのか」、「自分の中に不要な情報がない

本当の優しさを感じて。

か」と自分の中を観察し、自分を解析して、無意識にこびりついている無用な情報を手放すチャンスです。ぜひその機会に要らないものを手放してみてください。

人間的無意識にどういう情報が入っているかは、なかなか自分一人で気付くのは難しいことも事実です。だからこそ、私はセッションという形をとって、その方の人間的無意識の中にある不要な情報を明らかにしていくこともしています。

自分が見ている現実は、全て自分が創り出している、自分が思ったことが現実化している、と頭でわかっていたとしても、「そうは言っても……」と辛くなったり、くじけそうになることもあると思います。

そういう時は、ぜひ、
自分の身を置く「環境」を意図的に選んでほしいと思います。
一緒にいる人を選ぶのです。

（　イメージで好きな人といる。　）

「思っただけで現実化すれば、苦労しない」「思ってるだけじゃダメ」という信念を持った人の中にいると、当然ながら、その人たちの影響を強く受けてしまいます。それがいけないと言いたいのではありません。自分の望みと合っているかどうかを確認し、そこに合わせることを大切にしてほしいのです。

宇宙の法則について話ができたり、応援されていると感じられる時間がないと、どうしても人はめげそうになると思います。ですから、心を許して弱音を吐いたり、自分が思っていることを話せる仲間や環境を見つけてほしいと強く思っています。

メッセージ3の「まとめ」

【つまずきやすい原因】

自分の無意識に気づいていない、自分の無意識を見逃している。

【うまくいくヒント】

「人間的無意識」を自分の理想の味方に変えていく。

- あなたが決めたことでなくても「人間的無意識」にいろいろなものが入ってしまっている。
- この先も必要かどうかを見極め、不要な情報は手放していく。
- 自分の「人間的無意識」に刷り込まれている不要な情報に気付くことは、自分一人では難しい。

● 宇宙の法則について話せたり、本音や時には弱音を話せる仲間と居られる環境を選択していく。

【人生を変えるワーク】

無意識の抵抗に気付いて、不要なものは手放していく。

□ 今感じている「嫌なこと」や「受け入れたくない」事象を書き出してみましょう。

□ その事象の何に対して、その嫌な感情を抱いているのかを書き出してみましょう。

□ それはどんな思い込みから発生していそうでしょうか？

□ それを持ち続けることは、あなたの人生にとって役立つでしょうか？

（「よくなるために」だけを想う。）

第2章

なぜお金に困るのか？　お金で苦労するのか？

Message 4

あなたにとって「お金とは？」を把握する

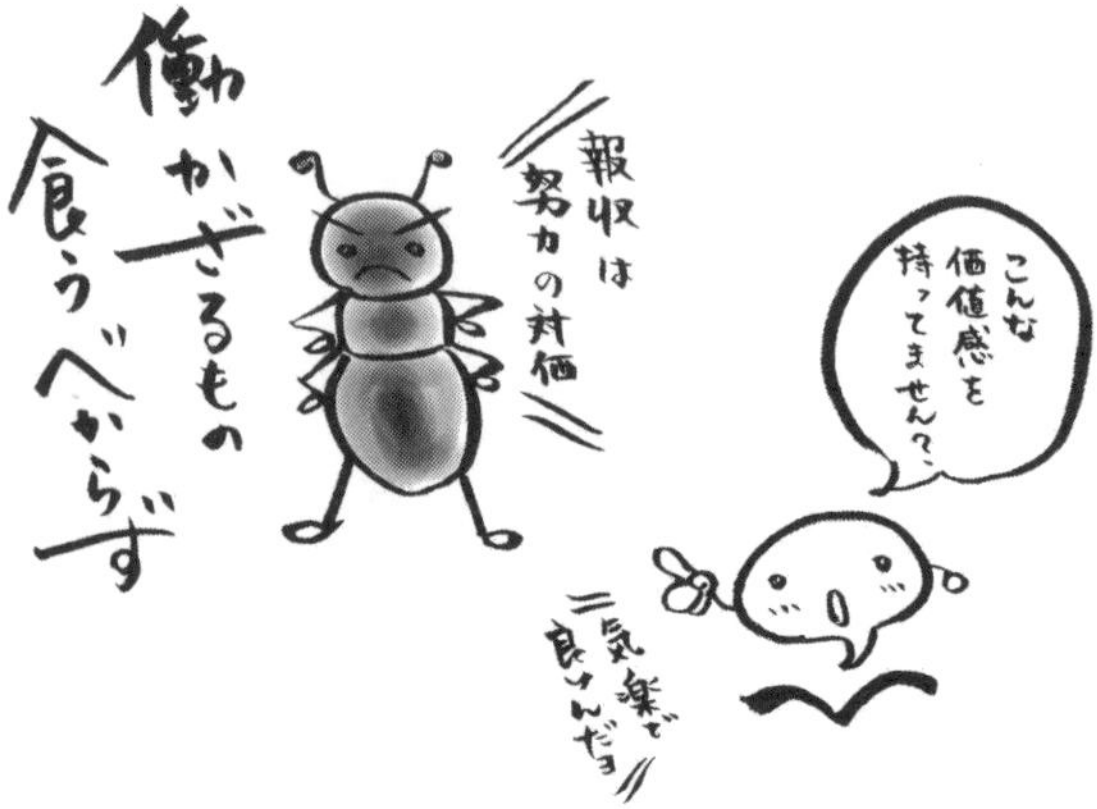

働かざるもの食うべからず
報収は努力の対価
こんな価値感を持ってませんか？
気楽で良いんだヨ

（ シンプルに想う。 ）

ここでは、お金について取り扱っていきたいと思います。**多くの方にとって、お金は必要なツールであり、喜びの原因になると同時に、あるいはそれ以上に、悩みの原因にもなっているように感じます。**

お金にまつわることは、日々、皆さんの生活や意識に強く関係していると思います。だからこそ、お金に関する分析をすることが、とても大切だと私は思っています。

ここで、皆さんに感じてみてほしいことがあります。

お金に対して、どういう考え方、印象を持っているでしょうか。
お金をどのようなイメージでとらえているでしょうか。
「お金とは何か？」と問われた時、何と答えるでしょうか。

こういったことを紐解いていくと、自分自身のお金に対する接し方やイメージ、捉え方が分析しやすくなるのではないかと思います。

ただ、皆さんがこの世に生まれてきて今に至るまでに、お金に関して見聞きしてきた情報が、皆さんの身体、あるいは脳みその中に既に蓄積されていると思います。これは、無意識的な部分も含めて、存在していると思います。

この無意識に「お金」と結びつけてしまう印象やイメージ、情報こそが、とても重要だと感じます。どういう印象や情報をお金と結びつけているかによって、お金で豊かになる人と、お金に困ったり、あるいは、お金はあるのに幸せになれないなど、色々なことが起きる人がいるのではないか、と私は推測しています。

実例として、私のお話をしましょう。私は在日韓国人三世です。一世にあたるおじいちゃんから、こんなことを言われていたなという言葉を、ある日思い出しました。

「お金でもあるけれど、仕事でもある」

「死ぬほど頑張ったら、何とかなる」

韓国から日本に渡ってきて、必死に家族を養い、困難を乗り越えてきた祖父だからこそ、「死ぬほど頑張ったら、何とかなる」という言葉になったのだと思います。つまり、**私にとって、最初のお金の定義はここから始まっていたのです。**

もちろん、お金を稼ぐことも重要。でも、それは「仕事の対価」でもある。だから、仕事をしてお金を稼ぐ。また、**どんなに大変なことがあっても、死ぬほど頑張れば、乗り越えられる。そういう情報が無意識に入っていたのです。**

私は二十代前半で離婚をし、三人の娘を抱えてシングルマザーになりました。当時は今以上にシングルマザーに対する目線は厳しく、「何で我慢しなかったんや」とか「子ども三人もおるんやったら、うちでは雇われへん」と言われることがほとんどでした。

ですが、**私の中には「死ぬほど頑張れば、何とかなる」という情報が入っていたので、死ぬほど頑張りました。**とはいえ、当時の私にとって、仕事を死ぬほど頑張る、というのは、一日五分、携帯電話の知識を入れる時間を作ることでした。たった五分という人もいるかもしれませんが、毎日その五分にかけたのです。自分としてはそうとう頑張ったと、今振り返ってみても感じます。

当時の私の中には「死ぬほど頑張らないと、うまくいかない」「頑張っていないと、成功できない」という強い想いがあったのだと思います。もちろん、無意識に、です。

そして、楽読を立ち上げて半年ほど経った頃、事業が傾き、苦しい時期を迎えたことがありました。この時、私は三十代後半でした。

確かに二十代前半の頃は「死ぬほど頑張れば、何とかなる」が成立しましたが、こ

こで再び「死ぬ気で頑張る」を選択したら、私は本当に死んじゃうなと思ったのです（笑）。だからこそ、自分の概念・考え方を変えることにしました。

どのように変えたのか。それは**「楽して儲かって良いんだよ」と、自分の無意識を変えることでした。**楽して儲かって良い、と自分に許可を下ろす、許す、認める。それを徹底してやり続けました。

そのポイントは、寝る前です。眠る前に「楽して儲かって良いんだよ」と、自分を抱えるというか、抱きしめるようにしながら、楽して儲かって良い、と自分に言い聞かせました。

「何を思って眠りにつくか」。これは、現実を創る上では非常に大切なポイントです。私がこれまで事業を続けてきた中で、一番重要で、一番現実化に作用するのは、「眠りにつくときに何を思っているか」と実感しています。ここが一番、自分に強く作用します。

特にお金に関しては、思い込みが強かったり、なかなか意識を変えられない方も多いように見えます。だからこそ、**眠るときに自分のお金に対する意識や考え方、概念を自分の好みのものに変えるように意識してほしいのです。**

以前の私も、「お金は簡単には入ってこない」と思っていた節がありました。だからこそ、「楽して儲かって良い」と自分に言い聞かせたのです。

この本を読んでいただいている方の中にも、お金に対して「お金を稼ぐのは大変なこと」「お金は苦しいこと、嫌なことをしないと入ってこない」と思い込んでいる方がいるのではないかと思います。宇宙の法則的に言えば、そう思えばそういう現実を創ってしまいます。苦しまないとお金が入ってこない現実を、自ら創り出してしまうことになってしまうのです。

あるいは、**お金そのものに対するイメージが悪い、印象が良くない。あるいは、ネ**

ガティブな情報がくっついている、ということもあると思います。

「お金は汚い」「お金持ちは幸せになれない」「お金を持つと人が変わる」「お金を欲しがるのはみっともない」など、潜在的にお金に対するイメージが悪いため、持ちたくない、入ってこないということが起こっているケースもあります。

私たちの仲間に、子どもに対して、とても愛情がある女性がいました。彼女はずっとお金に困っていて、うまくいかない日々が続いていました。その方にお金に対するイメージを聞いてみると「お金は自分を苦しめるもの」と思っていることが分かったのです。

そこで私は彼女に、**自分の愛をイメージして、その上にお金が乗っていくイメージをしてみるよう伝えました。**愛がイメージしにくければ、ハートマークでも良いし、何でもよいのです。さらに、自分の愛の上に、お金、札束が乗るイメージをしながら寝ることを薦めました。

最初は「愛＝お金」と思えなくても良いから、とにかく愛とお金が結びつく、つながるようにイメージして、その状態を描きながら眠りにつくように伝えました。

結果、どうなったでしょう。彼女はちゃんと仕事で成果を出せるようになり、自分が望む生活ができる収入を得られるようになりました。久しぶりに会って、イメージの話を聞いてみたら、最初は愛、彼女はハートマークと言っていましたが、その上に一千万円を載せるのが精いっぱいだったのが、最近は百万円の札束をある意味無造作に（笑）、投げるかのようにどんどん載せられるようになってきたと言っていました。つまり、**最初からできなくても、続けていると、人は慣れていくのです。**それを改めて実感する経験をさせてもらいました。

最初から、自分の望む通り、あるいは、やりたいようにできなくても構いません。最初は当然、抵抗が生まれるはずです。ですが、**続けていくうちに徐々に慣れていきます。これも人間の素晴らしい特性の一つです。最初は抵抗があっても、ぜひめげず**

にやり続けてみてください。

メッセージ4の「まとめ」

【つまずきやすい原因】

潜在意識に入っているお金のイメージが良くない。

【うまくいくヒント】

お金に対する意識や考え方、概念を自分の好みに変える。

● 「お金」にどういう印象や情報を結びつけているかによって、お金とあなたの関係性が決まる。

● 自分が得たいお金との関係に許可を下ろす。

● 抵抗があっても大丈夫！　やり続ければ変わっていく。

【お金に対する潜在的なイメージを知り、変えるためのワーク】

□ 裏紙（ノートでもＯＫ）に「お金とは」と書き、思いつくことを自由に書いていきましょう。百個以上を目安に書いてみましょう。

□ 思いつくままに、ポジティブなことでも、ネガティブなことでも書いてみましょう。

□ 書いてみた中で、自分が持っていたくないイメージや感情の反対を思い浮かべます。

例）「お金は汚い」↓「お金はきれい」／「お金持ちは不幸せ」↓「お金持ちは幸せ」

□自分が持ちたいイメージ・感情を、眠る前に思って眠りにつきましょう。

Return to Human Episode3

楽読・沖縄安里スクール　山田元子（カレン）

頑張らないと、嫌なことをしないとお金は稼げないと思っている

「お金」を「仕事」や「嫌なこと」「やりたくないこと」と結びつけて考えてしまっている人は、意外と多いのではないかと思います。仕事をしないと、嫌なことをしないとお金は稼げない……。何度も言いますが、こう信じている限りは、その状態を引き寄せ、現実化させることは間違いありません。もちろん、その状態が心地良いのであれば構いません。しかし、そうでないのなら「楽に儲かっても良い」「楽しく稼げても良い」という想いを自分の中に育てていく必要があるでしょう。

（目的意識をしっかり持つ。）

「仕事をしなければ、お金は稼げない・儲からない」という思い込みを外せば、自分のやりたいこと、楽しいこと、楽なことでお金を稼ぐこともできるようになるのです。

山田元子さんは、福岡の短大を卒業後、証券会社に就職します。証券会社では、長年にわたって企業分析を担当。上場企業約四〇〇〇社について、ＩＲ情報やニュースを元にして株価の上がり下がりを調査する仕事をしてきました。

二十年近く勤務し、管理職にもなったものの、当時の証券会社はまだ男性社会の傾向が強く、「女だから」「女のくせに」という態度をとられたり、パワハラ、セクハラまがいのことをされたこともあったそうです。

一人で仕事をしている時はまだしも、今の仕事の仕方では部下を守れない。徐々に感性が閉じていき、高級ランチを食べても味がしない、美しいものを見ても心が動かない状態になっていったと言います。

その後、証券会社を退職。税理士を目指して会計事務所に入所するものの、楽読のインストラクターになるために一年三カ月で退職。大阪・京橋スクールのマネージャーを務めます。

インストラクターになってからも、思い込みや固定観念を手放し、様々なアトラクションを乗り越え続け、現在は沖縄・那覇市に住み、楽読インストラクターとしてはもちろん、自分の感情を開放して人間関係の改善や固定観念の書き換えを行う『RHドラマライフ（楽ドラ）』を開発し、ファシリテーターとして全国を飛び回っています。

私が知っている中でも、**カレンは自分の中のお金に対する概念を大きく変えたうちの一人**です。

（　決めてる通りになる。　）

元々は証券会社に二十年近く勤め、企業の分析や、株価の予測などを仕事にしてきました。しかし、男尊女卑マックスの中で働いているうちに、違和感や理不尽さを覚えることも多かったようです。長年勤めた証券会社を退職した後、楽読のインストラクターとして仕事をすることになりました。

当時彼女は大阪在住で、京橋スクールのマネージャーを務めました。カレンがマネージャーになった京橋スクールは、一年ほどで全国三位の売り上げを記録するようになったのですが、カレンは**「頑張らないと売り上げが上がらない」「でも、もっと楽に売り上げを上げたい」**と思っていたのだそうです。

そう思った矢先、書店での体験イベント前日に、関西ローカルのテレビが楽読を紹介。その結果、書店イベントに二日間で二百人以上が体験に訪れました。さらにはスクールでの体験が平常時は平均十件くらいのところ、月に三十〜四十件ひっきりなしに来るという状態になりました。

まさに、**思ったことが現実化**したわけです。

また、カレンが沖縄に移住することになった経緯も興味深いものがあります。彼女はかねてから「沖縄に移住したい」と思っていたのですが、パートナーの仕事が大阪であるのと、自分自身も京橋スクールのマネージャーを務めなければ、という責任感があり、踏み出せなかったのだそうです。

ところがある日、パートナーが「沖縄で仕事を見つけてきた」と言い、彼は移住することを決めたのです。カレンももちろん一緒に移住したいけれど、スクールをどうするか……と迷った挙句、一緒に運営をしている仲間に相談を持ち掛けました。仲間は二つ返事で「沖縄行ったら良いよ！」と快諾。こうして、カレンは何の心配もなく、移住を決めることができたのです。

実は、カレンは、二度にわたって乳がんの診断を受けています。これは一見、良くないことのようにも見えます。ところがカレンは、**すべて良くなるために起きているると思える強さを持っています。**

「沖縄でのスクール立ち上げに協力してくれた受講生さんのためにと思ってがん保険に加入したら、そのすぐ後に告知を受けて三百万円入ってきた」「二度目の腫瘍を見つけた時は、また保険が下りるからラッキーと思った（笑）」「いつ死ぬかわからない、と思えたから、今はやりたいのに後回しにしてきたことを、全力で取り組んでいる」「がんになったから、毎日を本気で生きられている」など、**乳がんを「悪いこと」ではなく「良くなるために起きていること」と、心の底から捉えているのです。**

ある意味、**カレンの中で「楽して儲かって良い」という許可が下りたことで、がんが見つかったのかもしれないと、私は思っています。**頑張らないといけない、休んではいけないという想いで居続けたら、ひょっとしたら、がんが見つかるタイミングは遅れていたかもしれない。その結果、最悪の場合は保険を受け取る前に……

という可能性もあったわけです。

もちろん、がんになって保険が下り、お金が入ってくることが良いことかどうかはわかりません。ただ、カレンは今も元気に、イキイキと、沖縄だけでなく全国で活動しています。そんなカレンを見ていると、「これはこうだから、理想に近づく」、あるいは「こうならないと、理想に近づかない」といった、**人間の頭で考えたプロセスを無視した「神業」が働いたのかなとも感じています。**

Message
5

「お金の役割」の捉え方を認識し直してみる

10000
ソレが君に
してくれること
何だろう?

（ 視野を広く。 ）

次に、あなたにとって「お金の役割」は何でしょうか？　という質問をしてみたいと思います。

お金は、日本円で言えば紙だったり、丸い金属、コインだったりします。では、そのお金はどういう役割をしているのでしょうか。何を運んでくれると思っているのでしょうか。そこを分析してみてほしいなと思います。

例えで、**私がお金の役割をどう捉えているかをお伝えしましょう。**

私にとって「お金＝点数」です。

私の事業は楽読という速読スクールです。受講生さんから受講料をいただいて成り立つビジネスです。ということは、こちらから提供するサービスに価値がなければ、受講生さんはお金を払いたくない、ということになります。

つまり、**売り上げがどのくらい上がったか、利益がどれくらい出せたか。それは、どれだけお客様が喜んでくれたか、どれだけ価値を提供できたか、に対する評価の点数だと私は捉えているのです。**

これは、**現代社会においては「お金」というものを使うのが一番わかりやすいから、そうなっているだけのこと。**本来ならば、受講生さんから愛をいただくのでも、食べ物をいただくのでも良いのです。ただ、「お金」は数値化することができます。だから、点数化するのに便利なのです。

そのため、**私にとってお金は楽しいものです。**どれだけ価値を提供できたか、どれだけ受講生さんに喜んでもらえたかの点数を、お金という形で見える化しているという感覚なのです。

逆のことも言えます。例えば、喫茶店に入ってコーヒーを飲もうと思うとします。その時、一杯三百円、あるいは五百円の価値があるのかと考える癖が私にはあります。そう捉えると、お金の役割が変わるというか、違った見え方になるのではないかと思います。

お金のことで苦しんでいる方は、「お金＝楽しいもの」、と感じられていないのではないかな？　と私は思います。実際、私自身も、うまくいっていない時期には「お金＝楽しいもの」、とは思えていませんでした。お金を出すことが喜びではなくて、奪われるという意識を強く持っていたように感じます。

お金は、愛や感謝といったエネルギーを数値化するものであって、悪いものでもなければ、敵でもありません。自分を苦しめたり、悩ませるものでもないと認識し直すことで、イメージを書き換えていく。お金を受け取れるようになるためには、こうした経験を積んでいく必要があると思います。

そうは言っても、これはあくまで私自身のお金の捉え方です。どういうイメージを持っても良いですし、どういう捉え方をしても構いません。私のお金に対する考え方を、参考にしていただき、自分にとってのお金の役割を考えていただけたらと思います。

メッセージ5の「まとめ」

【つまずきやすい原因】

お金の役割を理解できていない。

【うまくいくヒント】

（　変化を味わう。　）

自分なりに「お金の役割」を感じてみよう。

- ナナエにとっては「お金＝点数」。
- 自分が相手に提供した価値が、お金という点数になって返ってくる。
- 「お金＝楽しいもの」と捉えられているかどうかをチェックする。
- お金は、現代社会においてエネルギーを数値化するのに一番わかりやすいもの。

【お金の役割を理解し、感じるためのワーク】

□物を買ったり、サービスを受ける時に「この金額（＝点数）に見合うものかな？」と意識してみましょう。

□お金を払う時、その金額分、「相手への感謝」も込めてみましょう。

□相対的に「高い・安い」だけでなく、「自分にとっての価値」を感じてみましょう。

楽読・一宮駅前スクール　青山ひろみ（ぴろみん）

常識や、周囲の人が言うことは正しいと思い込んでいる

自分がどう生きていきたいか。どういう人生を送りたいか。どういう生活が理想なのか。それは、自分にしかわからないこと。あなたが何が好きで、何が嫌いで、どういう人生を送りたいかを知っているのは、誰でしょうか。そう、あなた以外に誰一人として、その答えを持っている人はいません。だからこそ、常識や周囲の人の声に左右され過ぎることは無意味なのです。

自分がどうしたいか。どう生きていきたいかが決まれば、自ずとその道は開けます。それが常識的だろうが非常識だろうが、関係ありません。それが本当にあなたにとって最善の道であれば、周囲は応援するでしょうし、自分も生きやすいはずです。

「仕事をしなければ、お金は稼げない・儲からない」という思い込みを外せば、自分のやりたいこと、楽しいこと、楽なことでお金を稼ぐこともできるようになるのです。

青山ひろみさんは大学を卒業後、名古屋の結婚式場でウエディングプランナーなどを経験。その後、司会業などを経て、名古屋の広告会社へ契約社員として入社。雑誌の広告営業を担当しました。成績優秀者として表彰を受けることも多く、同時に自分の能力開発、自己投資に積極的で、楽読も「速読を身に着ければ、仕事でさらに結果が出せる」という目的でスタートしました。

転機になったのは、青山さんが所属していた部署がなくなり、異動を余儀なくされた時でした。元々の部署は自分のやりたいことと方向性が合っていたものの、新しい部署での仕事が自分の目指す方向とは違うと感じ、退職・独立を決めたそうです。

楽読インスチラクターの道を選んだ理由は、「速読に将来性を感じた」「自分でもできる」「長く続けられる」と思ったからだそうで、楽読インストラクターの資格を取得後、約三カ月後には愛知県一宮市にスクールを開校し、当初から高い売り上げをキープし続けています。

私にとってぴろみんは、ちょっと衝撃的というか、珍しいタイプだなと感じています。

楽読のインストラクターになる前の仕事は、雑誌の広告営業。主に社会人が、習い事のスクールを探す時に読む雑誌に、各スクールの特色や魅力などを掲載する仕事をしていたそうです。そして、楽読もクライアント先の一つだったのです。

ぴろみんは、異動をきっかけに会社を退職することを決意。学ぶことに興味があり、学ぶことで人は選択肢を増やし、自由になれるという信念を持っていたので、学びにまつわる仕事をしようと考え、楽読のインストラクターを選んだそうです。

彼女がインストラクターになったのは、息子が生まれてまだ一年足らずの頃。当初は「子育てと起業を両立させるのは無理」と思っていたそうです。しかし、**自分の理想を見に行くと「自分でスクールを開校する」、さらに言うと「自分にはできる」と思っていることにも気づき、開校に向けて動き出したのです。**

ぴろみんには、**「全ては自分次第である」、あるいは「自分がどう生きたいかを選ぶ」という設定が、自然と備わっているのではないかと感じます。**

一宮駅前スクールは開校以来、月次の売り上げが立たずに困ったとか、売り上げが落ち込んだという話を聞いたことがありません。これは、ぴろみんの中に「どうしたら受講生さんに喜んでもらえるか、価値を感じてもらえるか」が明確にあり、そこに迷いがないからではないかと思います。

（もうそろそろやろう。）

この信念は、プライベート面でも表れていると思います。二〇一八年の夏、ぴろみんの旦那さんが、がんを患っていることが分かったのです。でも、ぴろみんはこう考えたと言います。

「病気は文字通り、『気』から来るもの。**心配すれば、心配したなりの結果になる。だからこそ、大丈夫。絶対に治ると思っていました」**

頭ではわかっていても、なかなかそう簡単に思えるものではないと思います。しかし、ぴろみんはそう思おうと努力したのではなく、確信領域で思っていたのです。そこがすごいところだと思います。

また、**ぴろみんは良い意味で「頑張っていない」ところが素晴らしい**と感じます。「頑張っていない」と言うと誤解を招くかもしれませんが、彼女は努力もしているし、今でも学ぶことを続けています。彼女が考える「頑張らない」とは、「長時間労働をしない」ことと「自分が嫌なことをしない」ことです。**頑張らないイコール**

努力しない、ではないのです。

ただ自分が楽しいと感じること、やりたいことだけをやる毎日は、本当に楽しい、とぴろみんは言います。もちろん、家族のため、子どものため、会社のために、我慢して嫌なことに取り組む人生もあります。それはそれで、良いも悪いもありません。ですが、選ぶことができるのです。ただ、**やりたいことだけをして、子どもも育てつつ、ビジネスも安定的に継続する。そんなことができるということを、ぴろみんは証明してくれている**と思います。

ぴろみんは、自分が母親になることで、さらにエネルギーが上がり、従来以上に自由になったと感じると言います。大人の中にいると、「こうすべき」「こうでなくてはならない」という常識に囚われがちですが、**息子を見るたびに、「こんなに自由で良いのか」と気付かされるのだそうです。**

「子供がいるから自由にできない」と嘆くのではなく、その状況を打破するために

——行動する。言い換えると、**自分の理想に意識を向け、誰のせいにもせずに生きているか。ぴろみんの生き方は、そういう問い掛けにもなっているように感じます。**

（思っていることを確認してみよう。）

Message
6

お金の使い道を「先に決める」という考え方にシフトする

みんな良くなる道がある。

次にお伝えしたいのは、**お金の使い方、あるいは使い道の考え方**です。

こう書くと、「いくらあるから、どう使おうか、どう運用したらいいか」という話かなと思われるかもしれませんが、そうではありません。

むしろ**「お金がたくさんあったら、どう使う?」ということを、常に考えている感じです。今、お金があるから考えるのではなくて、です。**

自分の喜び、そして人のため、人の喜びのために、どう使うのがベストなのか? を考える。それが大切ではないかと私は感じています。

つまり、「いくら貯めないと心配」とか「ただただお金が必要なんだ」ではなく、「これだけあったら、何に使う?」ということを考えている人にほど、お金が入ってくる。そういう仕組みになっているように私は感じています。

最悪、お金がいくらあれば生きていけるか。
必要最低限な金額がどのくらいか、
あなたは把握しているでしょうか？

お金に困ったり、追われたりする方の特徴として、「何にいくら必要なのか」を把握していないことが多い、ということがあります。

例えば、一カ月の生活費が、いくらあれば生きていけるのか。何にどれだけ必要なのか。これが明確化されていなかったり、どんぶり勘定だと、どれだけお金が足りないのか、見えてきません。

「将来が不安」というのも、同じことです。自分が何歳くらいまで生きて、それまでにいくら必要なのか。その頃には収入はゼロなのか、何か収入源はあるのか。そういうことが見えているか、いないかで、お金に対する不安は大きく変わります。**最低いくらあれば生きていけるのかが明確になると、安心感に変わります。**「とにかく必要なんだ」という状態にいると、ずっと足りない感覚になってしまいます。そうすると、「ずっと足りない」現実を創り続けることになるわけです。

いくら必要かを明確に把握すれば、まずはそれを確保すればいい。その上で、それ以上入ってきたらどうする?と、私は考えたのです。

私の場合、子ども三人を抱えて独立した時、あるいは、営業の仕事をクビになった時。月にこれくらいのお金があれば、生きていくことはできる、と見えた瞬間に、恐怖心や怖さがスッと消えたのです。

そこから、「それ以上入ったらどうする?」を考えました。そこで出てきたのは、困っている人や、私に助けを求めている人のところに、すぐ飛んでいけるくらいの豊かさが必要だということでした。私がその人の元へ行かないと、と思った時、すぐに行けるだけの経済的・時間的・精神的な余裕があること。できるだけ早く、その状態にならなければいけない、と思ったのです。

これは、誰かから言われたことではありません。ある意味、私が勝手にそう思っただけです（笑）。ですが、**自分ではそれがすごく必要だと感じたのです。**

もちろん、その当時はそんな余裕がある状態ではありません。繰り返しになりますが、「あるから、どう使おう」ではないのです。**自分にとって、理想の状態を描くのです。だから（と私は思ってしまうのですが）、すぐにそういう状態になっていきました。**

もう一つあるとすれば、子ども三人が何かをしたいと思った時、経済的な理由であきらめさせたくない、ということは考えていました。習い事でも何でも、本当にそれが必要かどうかを議論して、相談した上で、必要となればさせる。必要なければ、させない。その判断に「経済的に無理」という条件を入れたくなかったのです。

自分が勝手に「そう思う」ことは、実はとてもパワフルです。「これだけの予算があるから、こう使おう」というよりも、**「こうするためには、これだけのお金が必要だ」と描く方が、よりエネルギーが高まります。**私の経験上、その方がうまくいきます。

全ては、理想の状態から描く。お金に関しても、例外ではないのです。

どうしてこの仕事をするのか。この仕事を通じて、どういう結果・成果を得たいのか。そして、どのようにお金を使いたいのか。こういった理想の状態をまず描くことから始める。そうすると、自分の中で答えが出てくるはずです。

たくさんお金を稼ぐのが、必ずしも良いわけではありません。自分が好きな仕事を、好きなペースで、家族との時間をたっぷり取りながら進めていきたい。お金をたくさん稼ぐよりも、自由な時間を多くとりたい。そういう理想でも構わないわけです。最低限、自分が生きていくために必要な金額が把握できていれば、そういう判断もつくのです。

大切なのは、勝手に思うこと。こうなったら幸せだな、こういう状態であれば嬉しいなと思えること。これが何よりも大切だと私は思っています。

ここでもう一つ伝えたいのは、**自分の理想を決めたら、「やる」と肚を決める、覚悟を決めるシーンもある、ということです。**例えば、自分が理想とする志事をする上では、これだけの資金が必要だと把握したとしましょう。でも、手元にはそのお金はない。

それならば、**「それだけの額が絶対に入ってくる」と、自分で決めるしかありません。ある意味、逃げ場はありません。入ってこないのなら、その志事はあきらめる。そのくらいの覚悟を決めざるを得ない場面も、出てくると思います。**

ここで何より大切なのは、自分がどれだけその志事に対して情熱を持っているか、

（思うだけ。口にしない方がいいこともある。）

それを実現しなければ、死んでも死にきれない、というくらいの強い意志を持てるかです。このエネルギーこそが、現実化の原動力になるのです。

「やり方」をいくら追求しても、幸せは感じられない。私はそう思っています。自分自身が幸せを感じた時に、幸せは訪れるのです。言い換えると、**自分の幸せ感、どういう時に、どういう状態だったら幸せを感じるのかを自分で把握していなければ、それはいつまでたっても手元に届くことはありません。**

お金を稼ぐ方法や、幸せになる方法など、様々な情報や方法論が世の中にはたくさん溢れています。それが役に立つこともあるでしょう。ですが、自分はそもそも何に幸せを感じるのか。どういう時に幸せを味わえるのか。それを自分自身に聞きに行く。自分なりの答えを持っておく。その方が、より重要だと私は感じています。

自分の理想を実現したり、幸せを感じるために、お金があるのです。自分の理想や幸せ感と、お金に対する考え方を、少しずつ一致させていく。一気に変わらなくても、少しずつ取り組んでいく。そうすると、人生は大きく変わるはずです。ぜひ、取り組んでみてほしいと思います。

メッセージ6の「まとめ」

【つまずきやすい原因】

なぜ、何に、いくら必要なのかが不明確。

【うまくいくヒント】

お金が必要な理由や使い道をはっきりさせよう。

- 「何にいくら必要なのか？」の最低額を把握することから始める。
- 「もし、たくさんあったら何に使うか？」を自分に問い掛ける。
- 必要な金額を得るために「肚を決める」必要があることもある。
- 「やり方」よりも、自分の幸せ感、使命感を大切にする。

【お金の使い方を明確にするワーク】

□ 一カ月／一年間で自分が生きていくために最低限必要な金額を把握しましょう。
□ その金額以上にお金があったら、自分は何に使うべきか、想像してみましょう。
□ 自分が「こうした方がいい」と思う行動をするためには必要な金額を試算しましょう。
□ そのお金が手に入って、理想の行動をとっている自分をイメージしてみましょう。

（毎日の当たり前のルーティンを丁寧に見直して。）

第3章

なぜ、人間関係の悩みが尽きないのか？

Message 7

人間関係も、結局自分が創り出していることを認める

目の前の出来事は
全て自分が起こしている

（好きに思うことを許して♡）

宇宙経営、言い換えれば、皆さんが人生を送っていく上で、親子やパートナー、友人や仕事の仲間といった人間関係は、とても重要なものだと思います。どんなにビジネスや仕事で成功し、うまくいっていたり、お金をたくさん持っていたとしても、**人間関係で苦しんでいる、つらい想いをしているとするならば、その方は決して幸せとはいえないのではないかなと感じます。**

私の観点から言うならば、人間関係であっても、目の前で起きている現象は自分で創り出しているということをどれくらい思えているか、受け入れられているか。このことがまず重要になります。

特に人間関係について言うならば、相手の考え方や言動、雰囲気や波動を感じることも多々あると思います。だからこそ、目の前の現象を自分が創り出している、とは思いにくいのではないでしょうか。ある意味、相手に自分が反応している、と思ってしまうことが多いのではないかな、と感じます。

そこで、まず意識してほしいのは、**改善するべき点を特定するということです。**

わかりやすく料理に譬えてみましょう。料理を作ったけれど、上手にできなかった。では、何がまずかったのか、振り返りますね。味付けが悪かったのか、火にかけ過ぎたのか、見た目が悪かっただけなのか。「どこか良くなかったか」「理想と違ったのか」を把握し、次回は同じ過ちを繰り返さないようにするはずです。

人間関係も同じことで、この人からこう言うことを言われた。それが自分としては好ましくなかった。とするならば、次回からはどうする?と自分に聞いてみるわけです。

人に悩みを相談したら、上から目線で話をされて、自分が嫌な思いをした、とするならば、「その人には悩みを相談しない」「その人と距離を置く」「こちらから相談する悩みのジャンルを選ぶ」など、対応策が出るはずです。それを採用することを自分に認めてあげてください。

ポイントは、誰も責めてはいないということ。料理の味付けや調理の工程をベストにするために修正するかのように、人間関係も修正を加えればよいのです。

さらに、**繰り返しになりますが、目の前のことを自分が創り出しているということを、まずは受け入れる。この認識は、どうしても必要になると思います。**

ここで一つ、お伝えしておきたいことがあります。

「受け入れる」ことは、
自分を責めることとは違う、ということです。

自分が創り出していることと、自分のせいだ、自分が悪いと責めることが紐づいてしまっている方が多くいるのを感じますが、これは全く関係がありません。自分が目の前の現実を創り出していることを認識した上で、自分がどうしたいかを選択できるのです。

自分の目の前でトラブルが起こったとします。例えば、私は在日韓国人ですから、人から「在日韓国人は日本で仕事をするな」と言われた経験があります。これは一見、その相手がトラブルを起こしているように見えますが、私は、これを自分が創り出しているとするならば？と捉え直すのです。

分析してみると、私の中に、在日韓国人が日本でどのように思われているか、というデータを無意識の中に持っている可能性が高い。つまり、その人が言ってきた言葉は、自分の中にあるもの、ということになるのです。

これは、『宇宙経営12のメッセージ』でも、本書でも繰り返しお伝えしている話ですから、中には「もうわかったよ」と思う方もいるかもしれませんね（笑）。でも、敢えて繰り返し書きますね。

目の前に映し出される現実は、ある意味「答え合わせ」なのです。現実は、私が見たとおりに反応するし、見たとおりに現象化します。私が見ているものは、私が思っていることでしかあり得ないのです。つまり、目の前でそういう現実が起きているということは、私の中にそういうデータがある、ということになるのです。これは、量子力学的にも説明がつく話です。

まず、このことを再度認識しておかないと、人間関係を望む方向へ変えていくことはできません。

メッセージ7の「まとめ」

【つまずきやすい原因】

人間関係のトラブルを、他人のせいにしている。

【うまくいくヒント】

目の前の現象は自分が作り出している、と認める。

● 人間関係も「全ては自分が創り出している」と認識する。
● 相手の言動さえも、自分が創っているとしたら?と考えるくせをつける。
● 「自分が創っている」と認めることと、「自分を責める」のとは別だと考える。
● 目の前で起こる現実は、潜在意識との「答え合わせ」であると知る。

（　見た目と違うことを伝えてみよう（笑）。　）

【人間関係のトラブルも、自分が創っていると認識するためのワーク】

□人間関係で、解決したいトラブルや課題を裏紙（ノートでもＯＫ）に書き出しましょう。

□そのトラブルや課題を「自分が創り出しているとしたら？」と考えてみましょう。

□自分の中の、どういう考え方、意識（潜在意識）が発動しているのか、見てみましょう。

□どうしたら、その意識が変わるか、変えられるかを感じてみましょう。

（気になることをパワーに変えて。）

Message
8

嫌いがわかると、好きがわかる

自分のことを愛してくれている人を想う。

皆さんも、腹立たしい人間関係のトラブルを抱えていたり、人間関係で悩まされたりした経験をお持ちかもしれませんし、今も悩んでいるかもしれません。

子どもが同じことを何度言っても言うことを聞かない、パートナーに何度言っても、自分が嫌なことをする。自分の両親、あるいは義理の両親にいつも嫌味を言われたり、嫌な思いをさせられる。

あるいは、仕事場に嫌な上司がいる。何度言っても、部下が同じミスをする。ちょっとしたことで、すぐクレームを言ってくるお客様がいる。

どうしたら変わるんだろう、どうして私ばかり嫌な目に遭うんだろう、どうしたら言うことを聞いてくれるんだろう？と悩んだり、憤ったり。そして、子どもやパートナー、両親や上司、部下などを何とかしようとする。こんな経験はないでしょうか。

ですが、それもこれも全て、宇宙経営的に言えば自分の中にあるデータ、情報が映し出されているだけのものなのです。自分の中のデータや情報を書き換えない限りは、形を変えてでも、繰り返し現象化します。このことを、まず理解していただきたいと思います。

でも、何度も言いますね。認めることと、責めることは違います。ここが大切なところです。現象は、あくまでも現象に過ぎません。目の前で起きている現象をまずは受け入れて、何を感じるかを見に行く。自分を責めて落ち込むかもしれないし、誰かを責めたくなるかもしれない。**現象が起こった時、自分の心に湧き上がった感情をも認める、受け入れる。このことがとても重要です。**

「嫌だな」、「辛いな」と思った自分をも、まずは認めてあげてください。

（自分自身を抱きしめて眠ってね♡）

それは、それで良いんです。「この人を責めたくなっているな」と思う。**湧いてきたものは、受け入れてあげる。その上で、自分が本当はどうしたいか?を丁寧に見に行く必要がある、と私は感じています。**

私が良く言うのは「『嫌い』がわかると『好き』がわかる」ということです。怒りや悲しみ、苦しみ、憤りを感じた時、それが嫌だとすれば、自分はその反対が好きなんだな、とわかるのです。

少し整理しましょう。

人間関係を取り扱っていくためには、まず、目の前で起きた現象を自分が創り出したと受け入れます。その上で、現象を見て、自分が何を感じているかを把握します。そして、自分の好きな状態を知ります。このような三つのステップを踏む必要があると私は感じています。

メッセージ8の「まとめ」

【つまずきやすい原因】

ネガティブな感情を持ち続けたり、押し殺してしまっている。

【うまくいくヒント】

自分の好きな状態を受け入れる取り組みをしましょう。

- 「本当はどうしたい?」を見に行くことで、自分の理想を把握する。
- 感情を楽しめれば、人生はより豊かになる。
- 自分の好きな状態、理想の状態を知り、許可する。

（自分のことを開示してみよう。）

【自分の好きな状態を知り、受け入れるためのワーク】

□人間関係において、されたら嫌なこと、言動などを思い浮かべましょう。

□その反対、自分が本当はどうしてほしかったのか？を思い浮かべましょう。

□自分がどうしてほしかったのか、の理想を「そうなって良い」と自分に言い聞かせましょう。

□嫌なことをしてくる相手に接する時、「自分の理想になる」と決めて接してみましょう。

□すぐに理想通りにならなくても、あきらめずに繰り返してみましょう。

（どんな結果も通過点。）

Message
9

本音を言える仲間を大切にする

（やり切るまでやる！）

　ここまで色々書いてきましたが、多くの場合、目の前に起きた現象に一喜一憂することは多いと思います。また、嫌な上司が嫌なことを言ってきた。パートナーが自分のやってほしくないことをした。両親からまた嫌味を言われた……。ですが、**もし、「嫌だ」という感情に囚われてしまうと、その感情を持ち続けるだけではなく、さらに拡大していってしまうと、私は分析しています。**

　だからこそ、第一のステップ、自分が目の前の現実を創っていることを認識すること。そして、自分が望む状態を理解すること。**自分が望む状態がわかれば、そこに向けてエネルギーを使うことができるはずです。そうすれば、理想の状態に動き出すはずなのです。**

　私の場合は、現実を自分が創り出しているという認識が強く入っているので、気分が良くないと感じた瞬間に、自分が好きな状態は？と聞きに行くように切り替えができているのかもしれません。**多くの場合、「幸せの五箇条」に自分の理想の状態が既に書かれているので、それが再度明確になるだけ、とさえ思っています。**

（　納得いくまでイメージする。　）

ある意味、トラブルや問題が発生した時はチャンスなのです。先ほども書きましたが、トラブルが起きたということは、自分の中に望まない情報が入っている、ということです。エラーが発生しているようなものです。

だから、それを認める。そして、**自分の理想の状態に向かうために、このことが起きている、と再認識し、そのために、自分の中の不要な情報、思い込みを排除するために起こっているのだなと理解するわけです。**

どうしたら、理想に向かうために不要な情報を書き換えたり、排除したりできるのか。これは、日々のちょっとした努力というか、取り組みが必要になると思います。何かトラブルが起きたら、それをしっかりと見て、自分が望む状態にエネルギーを送るように意識を変えていきます。日々の積み重ねです。

ただ、**これは一人では難しいのかもしれない、と感じることもあります。**

(やり切るのは自分のイメージ試し。)

私の場合、子どもを三人授かり、究極に追い込まれてしまったので、真剣に自分の理想を描くしかなかった。ある意味、必死のパッチです（笑）。でも、多くの方にとっては自力だけで自分の理想の人生を描き続ける、というのはハードルが高いのかもしれないな、とは感じています。

どう頑張っても、自分以外の人を変えることはできません。ただ、目の前の現象は自分が創り出しているものですから、自分の内側が変われば、起こる現象は自ずと変わる。

他人の言動や現象に対して反応したり、何とかしようとするのは、例えて言うならば、映画のスクリーンに映る俳優の動きやセリフを変えようとしているのとほぼ同じです。かなり苦労するでしょうし、まずうまくいきません（笑）。

スクリーンに映るシーンを変えたいのならば、映画そのもの、つまり映写機のフィルムそのものを変える必要があるわけです。あなたが映画監督になって、自分が撮りたい映画を撮影し、映写機にかけるしかないのです。この事実がどれだけ腑に落ちているかが、人間関係のトラブルを解消する上では絶対に必要不可欠です。

他人を変えよう、環境を変えようとして右往左往しているうちは、人間関係は何も変わりません。なぜなら、フィルムを変えずにスクリーンに向かって演技指導をしているようなものだからです。

さらに言うと、自分自身の感情を認める、許すことすら、多くの人にとっては難しいのかもしれないなと感じます。

何か望まない現象、特に人間関係のトラブルが発生した時、自分や人を責めてしまい、そこに居続けてしまう。あるいは、「人を悪く思ってはいけない」と強く思いすぎて、自分の理想を押しつぶしてしまうこともあるように感じています。

多くの人にとって、自分の本心、本当の想いを見に行くことはかなり勇気がいることではないか、と私は感じています。

自分が思っていることを口にした時、周りの人から「そんなこと言うたらアカン」「そんなん自分勝手や」「お前が我慢せえ」と言われたとしたら、あなたはそれでも自分の本心や理想を口にできるでしょうか。おそらく、多くの人は心が折れるのではないかと思います。

また、現代社会においてはそういうことも多いのではないでしょうか。「パートナーの言うことは聞かなくてはいけない」「部下は上司に意見できない」「嫁は義理の両親を立てなくてはいけない」など、人間的無意識の中に、こうした情報、過去データが入っている可能性は多々あります。

そうだとしても、自分が本当はどうしたいか?を見に行くことは、理想を描く上では絶対に必要。だからこそ、私は「楽読」を作ったように感じています。楽読のトレーニングを繰り返し受けていると、自分の無意識、潜在意識とつながって、自分の本心が思わず出てしまう経験をします。しかも、楽読の環境ではそれを誰も否定しません。その想いを認めて、応援する文化があります。

その経験を積んでいくと、自分が思っていること、望んでいることを口にしたり、見に行くことに抵抗がなくなっていきます。ですから、自分の感情を見に行くのが怖い、自分が本当は何を望んでいるのか、どういう理想を持っているのかがわからないという方は、楽読のトレーニングを受けてみることをお勧めします。

私の表現で言うと、**自分の感情を死ぬまで味わい続ける環境、それが地球だと感じます。** 私たち人間は感情を味わうために生まれてきたし、生きています。ですから、感情とは喜びであり、楽しみであり、成長を感じさせてくれるきっかけにもなるものだと私は思っているのです。

人間関係は、特に感情が動きやすいテーマだと思います。 私自身も、ここ数年はパートナーのおかげでたくさんの感情を味わうことができました。もちろん、そのすべてが楽しいものだった、というわけではありませんが……（笑）。

それでも、私の中ではそれすらも、自分で創り出したものであり、どういう状態が理想かを再認識させてくれるものだと捉えています。

しかし、多くの方が、まだ自分の感情をどう取り扱っていいかが理解できていない、上手になっていないと私は感じています。**感情を楽しめるようになれば、人生はさらに豊かになります。当然、人間関係で悩んだり、苦しむこともなくなります。**

楽読は、自分の感情を見に行くきっかけになるもの。そしてリターンスクールは、自分の感情を取り扱い、いかに自分が理想とする状態にエネルギーを注ぎ続けるかのトレーニングをする場です。

何より大切なことは、楽読やリターンスクールは一人で取り組むものではない、ということです。インストラクターやファシリテーターを始め、必ずそこには、あなたの想いや理想を許容し、可能にし、応援してくれる仲間がいます。

この本を読んで、一人で理想に向かってエネルギーを注ぐトレーニングをするのも、もちろん素晴らしいことです。でも、一人で取り組むには限界があるかもしれません。限界を感じた時には、ぜひ楽読やリターンスクールの扉を叩いてみてください。きっと、あなたの役に立つ何かが得られると思います。

メッセージ9の「まとめ」

【つまずきやすい原因】

他人を変えようと努力したり、自分一人で意識を変えようとしている。

【うまくいくヒント】

仲間の力を借りて、自分の潜在意識を見に行きましょう。

● 嫌な、腹が立つ他人の言動すら、自分が創り出していると認識する。
● 感情が動いた時はチャンス、と意識する。
● 自分の本当の理想を知るために、楽読は有効なツール。
● 仲間と一緒なら、さらに自分の理想に近づきやすくなる。

【自分の好きな状態を知り、受け入れるためのワーク】

□ 他人の言動でイラっとしたり、腹が立ったら「チャンス！」と思ってみましょう。
□ 本音が言える仲間に、自分の気持ちを話してみましょう。
□ 「本当はどうしたい？」を、自分の肚に問い掛けてみましょう。

（　成果は後でわかる。　）

片山武彦・智美夫妻（たけちゃん・ともちゃん）

人からのアドバイスは、聞かなくてはいけないと思っている

あなたがどういう人生を送るのか。どういう生き方をしていきたいのか。その答えを知っているのは、あなた以外にはいません。しかし、両親や家族、友人からのアドバイスを聞き過ぎて、答えを見失っていることも多いように感じます。

人からのアドバイスを盲目的に受け入れるのではなく、自分の肚に聞いて、「YES」ならば受け入れる。「No」であれば、思い切って聞かない。そういう強さ、言い換えれば「自分軸」を持つことが、宇宙経営を進める上では必要になります。

片山武彦さん、智美さんご夫妻は、現在ロサンゼルスに在住です。智美さんは一

般社団法人楽読ジャパンの代表理事である石井真と大学時代の友人で、それをきっかけに楽読、リターンスクールの受講を開始しました。

元々は化粧品メーカーで美容部員として勤めていましたが、独立してサロンを開業。しかし、周りの目や常識、「こうするべき」という固定観念に囚われ、ボロボロの状態だったと言います。リターンスクールの受講は「藁をもすがる想いだった」と話してくださいました。

当初は多額の借金を抱え、目の前のことで精いっぱいで「幸せの五箇条」を書くこともできないような状態。しかし、平井ナナエもかつては同じような境遇にいたことを知り、「地道に続ければ良いんだ」と考え方を転換した結果、物事の捉え方が変わり、事態が好転していったと言います。

その後、直感で旅行先に選んだロサンゼルスで、武彦さんと知り合い、日本とアメリカの遠距離恋愛の末に結婚。現在は智美さんが渡米し、ロサンゼルスでご夫婦一緒に生活をされています。

出会った当初、智美さんにとって武彦さんは「状況を全て知った上で、何でも話せる人」で、決して恋愛対象ではなかったと言います。しかし、武彦さんは智美さんと結ばれることを願い、理想を描き続けたと言います。

ともちゃんがリターンスクールを受講してくれたのは、五年ほど前。当時のともちゃんは周りの目や意見や「こうするべき」という常識に囚われていました。理想を描けず、目の前のことで精いっぱいになって、自分がどうしたいのか、どう生きていきたいかがわからない状態でした。

ですから、リターンスクールではまず、とにかく自分の理想とする状態を描いて、そこにエネルギーを向けていこう、という話をしました。**彼女が素晴らしいのは、それをとにかく地道に続けたことです。**

独立してかなりの借金を抱えていたのですが、「今月は売り上げが立ちました」「支払いができました」と、まず思うことを許可した。そして、借金の全容を把握した上で、どのくらいのペースで返済すれば何年で返せる、ということも整理していくなど、着実に取り組みを進めていきました。

その結果、月の売上目標をクリアしたり、借金の返済ができるようになるなど、どんどん状況が好転していったのです。これは、**自分の理想にエネルギーを当て続ける習慣が身についていったからに他なりません。**

彼女にとって大きな転機になったのは、ロサンゼルスへの一人旅でした。**二週間の休みができ、彼女は直感でロサンゼルス行きを決めました。**ただ、行ってみたいと感じたからで、友人や知人が住んでいるわけでもありませんでした。

ところがその後、「車がないと何もできない」「女性一人では危険」といった周囲からの反対を受けて、一度はロサンゼルスへ行くのをやめようとしていたのです。

（痛みも生きてる味わい。）

でも、直感では行ってみたい、ワクワクもしている。それなら……ということで、彼女はロサンゼルスに知人・友人がいる人を探しました。そうして、何人かの知人を紹介してもらうことができ、当初の予定通り旅立ったのです。

この旅行で、ともちゃんは後の旦那さんであるたけちゃんと出会います。たけちゃんはロサンゼルス在住。もし、周りの反対を真に受けて、旅行を取り止めていたとしたら……。彼女の運命はまた違ったものになっていたはずです。

頭の声よりも、直感・肚の声に従う。右と思ったら右、左と思ったら左。多くの方は、これができそうでできないのです。どうしても、「普通はこう」とか「常識的に考えたら」とか、そういう概念が邪魔をしてしまう。

でも、これも癖だったりします。直感で動く、感じたことを表現する。これを繰り返しているうちに、段々直感に従った方がうまくいく、ということに気付き始めます。

さて、のちにたけちゃんとともちゃんは結ばれ、結婚することになるのですが、ここではたけちゃんの理想を見続ける力が現実を創ったと言えます。

たけちゃんとともちゃんは、年齢が十七歳離れています。しかも、当時は東京とロサンゼルスに離れて住んでいた。さらに言うと、ともちゃんは、たけちゃんが男性として好みのタイプではなかったのだそうです（笑）。

普通に、あるいは常識的に考えれば、二人がお付き合いする可能性はゼロに近いかもしれません。たけちゃんもロサンゼルスのリターンスクールを受講し、エネルギーの使い方を学びました。そこで、たけちゃんはあきらめずに、ともちゃんと結婚して幸せな家庭を築くという理想を描き、思い続けた。それが、今につながっているのです。

計画を楽しもう。

そして、現在は夫婦でロサンゼルスに住み、お互いに自分の心と向き合いながら理想を深めています。

「一年前には、今のような理想的な状況になっているとは想像できなかった」と言います。信じられないほど思った事が現実化し、想像の範囲を遥かに超えていて、今も更新中、と。

実は一年もあれば、現実はかなり変わってきます。もちろん、変化は少しずつかもしれませんが、理想を見続けることができれば、着実に変わっていきます。二人のパートナーシップは、そういうことを教えてくれているように思います。

第4章

大変革の時代、変化の時を乗り越えるために

Message
10

時代や人生の転換期に必要な考え方を理解する

飛び込んで来る情報は、一度分析してみよう。

自分に愛してると伝えてみよう。

この書籍が刊行されるのが二〇二〇年。日本で言えば、元号が「平成」から「令和」に変わったのが二〇一九年。**この二〇一九年から二〇二〇年にかけて、私は世の中、社会、世界が大きく、早く変わるのではないかと感じています。**

皆さんの人生面に置き換えてみていただいても良いかと思います。例えば、就職する、転職する、独立する。あるいは、結婚や出産、あるいは離婚など、人生のステージが大きく変わる経験をする方もいるでしょう。そして、その時に戸惑いや不安、怒りといった感情が生まれる方もいるかもしれません。

こうした変化の時代、あるいは個人的な変化の時期でも良いのですが、こういう時をどう乗り越え、いかに生きていけばよいか。あくまでも私の考え方、やり方にはなりますが、参考になればと思って、書いてみたいと思います。

ポイントは三つあります。

一つ目は、**今までの常識を疑うこと。**「疑う」ということは、悪く思うこととは違います。**言い方を変えるとするならば「分析する」感じです。**

私たちの周りには、「常識」「当たり前」とされていることがたくさんあります。それはいつできたのか。誰が発信しているのか。多くの人は、その常識によって、どのような影響を受けるのか。こういったことを分析するのです。

少し強い言葉になりますが、**これからの時代、私は今までの常識が崩れていくのではないか**と私は見ています。今は時代の大変革期。今までは当たり前だと思ってきたことが、当たり前ではなくなっていくように見えています。

その中で、自分事で言うならば**「この常識を私は受け入れたいか？　私にとって必要な常識か？」**と自分に問い掛けます。これは、私は子どもの頃から無意識に、ずっとやってきたことだと感じますし、これからもやり続けると思います。

二つ目に、**過去や今までの常識を疑い、分析することで、新しい考え方・関係性が生まれる**ということです。「普通こうだよね」とか「常識的にこうだ」という、今までの情報や常識はひとまず置いておいて、新しい関係性が生まれることを受け入れるのです。

それは、多岐にわたると思います。例えば、お金との関係性。親との関係性。仕事との関係性。**今までの常識は置いておいて、どういう関係性が理想なのか、どういう状態が自分にとって最良なのかを書き出します。**

ここで、改めて皆さんに「魔法の言葉」をお伝えしたいと思います。

それは、

「何でも許されるとするならば」

そう。「何でも許されるとするならば」と自分自身に許可を下ろしながら書き進めることです。自分の想いを許す、という感覚がないと、新しい関係性を描くことはできないですし、自分自身も受け入れることができないと思います。それだけ、「常識」というのはパワー、影響力を持っているからです。

今までの常識はさておき、新しい関係性が生まれる、現実化することを受け入れる。許す。私自身は、そう決めています。

三つ目に、**「全て良くなるために起きている」ということ**です。これは、実は新しい関係性が生まれて良いという設定が自分の中にないと、そう思うのが難しいのかなと感じています。

（理想を想えることに感謝。）

目の前で起きていることを過去の常識やデータと照らし合わせて考えてしまうと、「良くなるために起きている」とは思いにくいと感じます。だから、これからの時代はどういうことが起きても良い、どういう関係性が生まれても良いという設定がとても大切になるのです。

メッセージ10の「まとめ」

【つまずきやすい原因】

環境や時代の変化に振り回されている。

（ゆったりできることに感謝。）

【うまくいくヒント】

今までの常識を分析し、新しい関係性が生まれることを許可する。

Return to Human Episode6

書道家　西山嘉克（よっちゃん）

自分の信念を突き通すことは、良くないことだと思っている

自分の信念を貫き通すことは、決してたやすいことではありません。しかし、自分の中が「それが必要だ」と思えば、自分を信じ切ることも必要です。とはいえ、自分一人だけで信念を持ち続けるのは難しいこともあるでしょう。そのためにこそ、理解者を見つけること、仲間を探すことはとても重要です。

（気持ちを大切に。）

全ての答えは、自分が持っている。このことを思い出せば、自分自身の信念や想いを信じ切れるようになります。そういう仲間、理解者と一緒にいる環境を選ぶことも、宇宙経営を進める上では大事なことになります。

西山嘉克さんは一九八一年生まれ、滋賀県の出身。国立大学の理学部に在学中から旅をしながら自分の生きる道を探していたそうです。二十二歳のとき、旅の道中である方と出逢い、「君ならできる」という言葉とともに筆をもらい、路上詩人としてインスピレーションで言葉を書くことを始めたのだそうです。

相手の眼を観てインスピレーションで言葉を書く。遠く離れている人も感じてインスピレーションで言葉を書く。こうした活動を約十五年続け、通算で千件近くのイベントに出演、七万人以上の人々に言葉を届け続けています。

現在は佐賀県嬉野市にある、約二千坪の土地に「いやさか村」という拠点を構え

（心穏やかに幸せを感じて感謝できることを想って眠る。）

家族と共に暮らしています。

都会の中では感じられない自然界の摂理や叡智、時には厳しさをも感じながら生きていく。物質的な豊かさだけにこだわるのではなく、均一化を図るのでもなく、個々がしっかりと立って、その上で協力し合える世界作りを目指して、活動を進めています。

「今までの常識、ルールを疑う」という意味では、佐賀・嬉野に住んでいるよっちゃんほど、ぶっ飛んでいて参考になる人はいないのではないか、と思います。

よっちゃんは二人の奥さま、六人の子どもと一緒に、佐賀・嬉野の「いやさか村」を拠点に活動している書道家です。

奥さまが二人いること、そしてその二人と同居していること。今までの常識から考えれば「あり得ない」と思う方も多いと思います。**実際、よっちゃんもその関係**

になる前にお二人と向き合い「自分たちはどう生きていきたいか」を真剣に話し合ったと言います。

そして、「『結婚』とは何か？」という疑問にたどり着き、結婚しているから「夫はこうするべき」「妻はこうするべき」という、誰かが決めた概念は、自分たちには合わないという結論に至ったのです。

「夫一人と妻二人で家族生活を送る」ということは、明治時代に婚姻制度が確立してから、日本ではもしかしたら誰もやったことのないこと。ならば、事実婚という形で、まずはその選択肢を選んでみて、成立するかどうかをやってみよう。その結果、当事者の誰かが不幸になるのならやめよう。そう考えたと言います。

でも、彼らに対する世間の反応は決して温かいものばかりではありませんでした。特にご両親は、色々と思うところがあったようです。それに対して、よっちゃんは真摯に向き合い、この家族形態で調和する状態を作ることに取り組んできました。

よっちゃんは大阪で開講したリターンスクールの受講生でした。彼は半年間、毎月一回、片方の奥さまと二人で佐賀から大阪まで通い続けてくれました。カリキュラムの中でよっちゃんは**「自分の中に答えがある」ことに対する自信を取り戻し、自分の中にある答えを引き出すトレーニングを積んでいきました。**

よっちゃんが面白いのは、**リターンスクールでの学びを、家族会議という形で二人の奥さまと共有したことだと思います。**

リターンスクールでは、毎朝「今日はどのように生きるか」を宣言し、実際にどうだったかを夜に振り返るワークがあります。クラスではフェイスブックのグループページにその宣言を投稿し、ファシリテーターや仲間たちと宣言と振り返りを共有し、フィードバックし合ったりもします。

よっちゃんはリターンスクールを出発（卒業）後、三人で毎朝集まって、それぞれ「今日はどう生きるか」を宣言するワークを始めたそうです。そうすることで、

「今日一日、自分自身はどう生きたいのか」を自分に問い掛けることになります。

それによって、何事も自分の中に答えがある、という実感を得ていきました。このワークを約四年間、毎朝続け、今も必要を感じた時はやったりしているのだそうです。リターンスクールでの取り組みが、彼ら家族にとっての共有言語になったのだと思います。

おそらく、よっちゃんはトラブルが起きたり、自分が望まない現実が目の前に起こった時でも**「自分はこの現実をどう見たいか、どうなるのが理想か」を見続け、取り組み続けたのだと思います。**その結果、今までの常識にはない、新しい家族形態を継続し、幸せな家族生活を営んでいるのです。

まさに、ここでご紹介した三つのポイントを実践している、良い例だと思います。

（どんどん良くなっている。）

Message

11

「新しい関係性」の作り方を学ぶ

自分の世界観を大事にしてね。

変化にどう対応していけばよいのかについて、私の実例を踏まえて、もう少し詳しくご紹介できたらと思います。

繰り返しになりますが、私は二十代前半で、年子の娘を三人抱えて離婚しました。十年以上前のことなので、今とは環境や状況が違うとは思いますが、当時は**母子家庭のお母さんに対して「稼げない」「働けない」「成功できない」「お金持ちにはなれない」といったイメージ、ある種の常識があったと思います。**

関係性で言えば、子どものために我慢して夫婦生活を続ける、というのが常識だったように感じています。

しかし、私はこのどちらの常識も受け入れたいとは思わなかったので、こう考えてみました。

「母子家庭のお母さんだから成功する」
「子どものおかげで貴重な経験ができた」

こういう新しい考え方、常識を
自分の中に作ったのです。
これが、私の言う「新しい関係性」です。

この考え方をして、関係性が生まれて良いと決めた後も、過去の常識からの圧力というか、色々とトラブルに見舞われることは多々ありました。

母子家庭のお母さんだから働き口がない、雇ってもらえないなんて言うのはしょっちゅうでしたし、「母子家庭は子どもがかわいそう」だとか、「早く旦那を見つけて再婚しろ」と言われることもありました。

それでも、**それらも全て良くなるために起きていること、と捉えている私がいたのです。**結果的には働き口が無かったからこそ、完全歩合制のセールスのお仕事を始め、一年後には成功と言える成果を出せました。

また、セールスの世界である程度名が売れていたからこそ、「速読を売ってくれませんか」という声をかけていただくことができ、今では「楽読」という速読スクールを事業として展開しているわけです。

いかがでしょうか。このように、全ては良くなるために起きているのです。言い換えると、「何が良くなるのか」「何を良くしようとしているのか」と意識して物事を見るのです。

こういう経験や体験談を書いたり話したりすると、「それはナナエさんだからできることですよ」と言われることもあります。

（素直に感じたことを話せる人へ話す。）

多くの人は辛いことや大変なことがあると、悲劇のヒロインのように悲しみにくれたり、拗ねてしまったり、他人や社会を恨んだり、ふてくされて人のせいにしてしまっている気がします。

私は「自分がどう思いたいかは、自分が選べる」という考えをベースに持っています。だから、何もかも自分の選びたいように選んでいるのです。

言い換えると、私の中では結婚も出産も離婚も、シングルマザーになったことも、全て自分が選んで決めたことだ、という意識があります。だから、恨んだり、人のせいにしようという気がないのです。

ですが、恨みたかったり、いじけたかったり、人のせいにしたい気持ちがあるのなら、それも選べるよ、とも思っています。そう思いたい人に対しては「それを選んでいいんだよ」と感じます。**どちらが良いでも、悪いでもない。ただ、自分がどちらを選びたいか、だけなのです。**

（違和感を認めてあげてね。）

多くの人が、世間の情報や一般常識を信じる、それに従うという選択をしているように、私は感じます。そして、それはそれで構わないのです。

ただ、そうではない選択肢もあるよ、ということだけは知っておいてほしいのです。自分の生き方やモノ・人との関係性は自分で選ぶことができる。正確に言えば、**今でも全て、自分が選んでいる。このことを認識した方が良い、その方が楽になる、と私は思っています。**

例えば、「小さい子どもがいるから離婚できない」と思っている人がいるとします。でも、実際にはそれもその人が自分で選んでいます。どんなに自分はそうしたくないけれど仕方がないんだと思っていても、最終的にその状況を選んでいるのは、自分自身なのです。

「〇〇しなければならない」と決めているのは、誰でしょうか。そう。実は、自分自身です。その背景に過去の情報や常識があった場合、それに従って「〇〇しなければならない」と思い込んでしまう。こうなると、無意識に選ばされている、決められていると感じてしまうかもしれません。

しかし、それも自分で選んでいるのです。だからこそ、この常識を受け入れたいか、受け入れたくないかを判断して、新しい関係性が生まれて良いんだと許可を下ろし、その上で、全ては良くなるために起きている、と思ってみてください。

過去の経験や情報、今までの常識はとてもパワフルですし、とても自分には他の選択肢があるように思えないかもしれません。でも、自分の人生は全て自分が選んで決めているのです。言い換えると、目の前の出来事は全て自分が創り出しています。これが宇宙経営の基本です。このことは、忘れずにいてほしいと思います。

（ 起こっていることは自分が創り出した。 ）

メッセージ11の「まとめ」

【つまずきやすい原因】

今までの常識や固定観念に縛られて生きている。

【うまくいくヒント】

今までの常識を疑う、分析する意識を持ちましょう。

- 常識を疑い、分析し、自分の本当の理想を描く。
- 自分が「どう思いたいか」、「どう見たいか」は、常に選べる。
- 「全て良くなるために起きている」ことを認識する。
- 「○○しなければならない」と決めているのは、自分だと認識する。

（声を出して笑ってみよう。）

【自分の中の常識や固定観念を疑うワーク】

□自分が「常識だ」、「当たり前だ」と思っていることを書き出してみましょう。

□書き出したものを「持ち続けたいもの」と「手放したいもの」に分けてみましょう。

□手放したいものについて、「本当はどうだったら気分が良いか」と自分に問い掛けましょう。

□「誰かがこう言っていた」、「こう言われているから」は全て無視するくらいの気持ちで、「本当にそうなのか？」を自分に聞いてみましょう。

Return to Human Episode7

楽読・福岡西新スクール　中村福美子（ふみちゃん）

（トラブルを笑えるセンスを。）

経済的安定のために、自分の使命を捨てなくてはならないこともある

あなたがあなた自身の本当の使命に気付き、それに向かって進んでいけば、必ず他力が働き、追い風が吹きます。現在の安定や経済的な基盤のために、自分の本当の使命だと感じることをあきらめるのは、本末転倒です。

もちろん、あなたが「使命だ」と感じることが、本当に自分にとっての使命かどうか、見極める必要はあるでしょう。しかし、それに取り組む必要がある、自分はそれをやらないと生きている意味がないとすら思えることがあるとするならば、それにチャレンジしてみてはどうでしょう。経済や、人からの応援は、必ず後からついてきます。

実の姉と兄が受講生だったことで、楽読を知ったという中村さん。速読に興味がなかったこともあり、当初は楽読を受講するつもりは全くなかったと言います。

当時の中村さんは三人の子どもを一人で育てながら、生活費を自分で稼ぐ毎日で、心身ともにきつい時期で、「稼がないといけない」という想いに囚われ、子どもなんていなくても良い、という想いが頭をよぎることもあったそうです。

そんなある日、実のお姉さんに誘われ、平井ナナエのお話会に参加したことが、中村さんの大きな転機になります。同じくシングルマザー、子どもを三人抱えながら事業を立ち上げ、成功した平井ナナエの姿を見て、中村さんは「助かった、光が見えた」と思ったと言います。そして、楽読とリターンスクールの受講を始めました。

「キツい」と言うこともできず、長年一人で努力してきた中村さんにとって、本音を言える場、仲間ができたことはとても大きなことでした。そして、中村さんは自分が、お母さんや子どもたちに対して、大きな情熱を持っていることに気付きます。

お母さん、子どもが元気に生きられる場を提供する。自分の使命、生きる道が見つかった中村さんは人生を転換し、現在は楽読・福岡西新スクールを開校、そして子どもたちの支援を行う「楽校」プロジェクトに参画するなど、活躍の場を広げ続けています。

母子家庭のお母さんだから成功できない、稼げないという常識を覆しているという意味では、楽読インストラクターのふみちゃんの例も参考になると思います。

楽読を始める前のふみちゃんは、精神的にも身体的にもとてもしんどい状態にあったと思います。

子ども三人を抱え、養育費も支払われない状態。勤め先が限定されやすい母子家庭のお母さんのため、ある意味「拾ってもらった」整体院で、休みもなく長い時間働く日々を過ごしていたそうです。給料が安いので、長時間働かないと生活が成り立たない。その上で子どもの面倒も見なければいけない……。

そんな状況の中、周りの人からは「他の人はもっと頑張ってる」と言われ、傷つ

（　面白がり方を磨こう。　）

くこともあったと聞いています。

どん底の状態にいた時には「子どもなんていなければ良いのに」と思ってしまうこともあったそうです。これは同じ境遇だからこそわかりますが、そう思いたくないのに、そう思ってしまう。これはとてもきつかったと思います。だからこそ、似た経験をしてきた私の言葉を素直に受け止めてくれたのではないかと感じます。

楽読とリターンスクールをスタートし、**「全ては良くなるために起きている」という意識を持てるようになってから、ふみちゃんは「子どもや、お母さんのために命を使いたい」という自分の気持ちに気付くことができたと言います。**そして、自分のように頑張っているお母さんや、子どもが自由に訪れて、元気になれる場を提供したいと思うようになったそうです。

ふみちゃんにとっては、**子どもがいたからこそ、自分自身の使命に気付き、どう生きるのか、何のために命を使いたいのかが明確になり、エネルギーが湧きだしたの**

です。

そして今は、楽読・福岡西新スクールを運営し、常に全国上位の売り上げを上げるスクールを作り上げています。また、RTHグループが現在展開を進めている「楽校」というフリースクールのプロジェクトにも参画し、子どもたちにとっても、教育する側にとっても「○○すべき」という決めつけ、押し付けが無くなる社会を作るために取り組んでいます。

さらに、ふみちゃんの「子どもたちのために」という想いが広がり、**地元の高校の野球部とつながって、球児たちに楽読のトレーニングを提供。その結果、創部以来初の夏の甲子園出場を果たすまでに至ったのです。**

「母子家庭のお母さんは成功できない」というのは、過去データに紐づいた根拠のない情報。それを信じるも信じないも、自分が選べるのです。それを、ふみちゃんは自分自身の姿で証明してくれています。

（　ミッションから今を見てみよう。　）

Message 12

自分が創ったと思えなくても、思ってみる

トラブルは刺激。

自分の目の前に広がっている現実は、全て自分が創り出したもの。そして、過去の常識を疑い、分析して、自分がそれを受け入れたいかどうかを確認する。

その上で、新しい関係性が生まれて良いと自分自身に許可を下ろし、「全ては良くなるために起こっている」ことを理解する。これが、私の考える変革期において必要な考え方、心構えです。

もう一度言いますね。

「全ては、良くなるために起こっている」

のです。

これは、ビジネスの世界においても全く同じだと私は感じています。今から約三年前、楽読で起こったクレジットカード会社のトラブルが、このことを紐解く良い事例になると思いますので、ご紹介しましょう。

受講生さんに楽読の受講料をクレジットカード決済していただく際、以前は決済手続きをある会社に委託していました。**三年前、そのクレジットカード決済委託会社が倒産し、私たちが受講生さんからお預かりしていた受講料、一三〇〇万円が振り込まれない、という事態に陥ったことがありました。**

私はちょうどアメリカにいて、身動きが取れない状態。この時に私が何を考えたかと言えば**「私がこの現実を創り出しているとするならば」という発想でした。**

実は、このトラブルが発生する前から、事業に関するお金の流れやシステムを変える必要があるなと感じていたのです。従来は、楽読本部が各スクールの売り上げを一括で集め、そこから分配するというシステムを採っていました。

しかし、かつては絶対に潰れないと思われていたような大企業が倒産する昨今、絶対に潰れないと思われる金融機関が倒れる可能性もあり得る、と私は感じていたのです。とすると、本部が契約している銀行に一括でお金を集めるシステムだと、この銀行に何かあったら全スクールに影響が出る。そう仮説を立てていたのです。

ここでのポイントは、**この仮説が「不安」や「恐怖」に基づいたものではない、ということ。あくまで「可能性がある」、もっと言うと「その先にどんな時代が来るのか」という楽しみですらあったのです。**

ある意味、トラブルを「トラブル」として捉えていない、どう面白がれるかが重要だと感じます。「トラブルはアトラクション」。映画も、淡々と日常生活が過ぎていくだけでは、面白くないでしょう（笑）。そういう意識をどれだけ育てられるか？　も、宇宙経営を進める上では大切なカギになると思います。

一方で、こういう可能性を感じていることを、私が仲間に話をできていなかった、という事実もありました。お金やカード決済の仕組みを見直す必要があると思う、と

（理想を見ていればそうなるためのことが起こる。）

いうことを、このトラブルをきっかけに話すことになったわけです。

繰り返しになりますが、「目の前の出来事を、自分が創り出しているとするならば」という意識で見ること。これが何より大切です。

一三〇〇万円ものお金が入ってこない。
この事実を私が思った。
そうは思えないけれど、
もしそう考えるならば、と捉えて対処するわけです。

その上で、全て良くなるために起きている、と物事を捉えるわけです。そして、新しい関係性が生まれて良いと認める。

このトラブルが発生した結果、楽読の受講料を本部に集めるやり方を止め、各スクールが契約する銀行口座に入金する仕組みに変えました。また、クレジットカード決済についても、各スクールがそれぞれ契約する会社を使い、一括ではなくスクールごとに決済を行うというやり方に大きく舵を切ったのです。

お客様がクレジットカード決済したお金が自分たちの口座に振り込まれる。これは「当たり前」だと思っている方がほとんどではないかと思います。ところが、ある意味この常識が崩れた。お客様が支払ったお金が入ってくるという常識を疑ったわけではないのですが（笑）、金融機関は倒産しない、トラブルが発生しないという常識は覆ったわけです。

この時に「怒らなかったのですか？」と聞かれることがあるのですが、意外と怒りの感情はありませんでした。目の前の出来事は私が創り出しているので、「怒り」にはならないのです。もちろん、シリアスではありますし、真剣に対処はしているのですが、内側ではある種楽しんでいるというか、わくわくしていた感があります。

なぜならば、私の経験上、これだけのトラブルがあるということは、これをクリアすればかなりのプレゼントが来る、と思っていたのです。絶対に無事解決するし、むしろ大きなプレゼントが届くと決めていました。

ですから、一三〇〇万円は後日無事に入金されましたし、全スクールのお金のシステムを見直すこともできたのです。

楽読全体にとって、お金の流れ、システムを変えることは並大抵のエネルギーでできることではありません。人間という生き物は、生きていく上で何も問題がなければ、あるいは、少しくらい問題があったとしても、今までやってきたことを変えようという気にはならないものです。

組織で言えば、仕組みやシステム。個人で言えば生き方や習慣、考え方。こういったものは、変えた方が良いと思ったとしても、なかなか変えられないものです。どうしても、現状維持の方が楽だし、安心感が強い。だから、既存の仕組みを「どうかな？」と思っていたのにも関わらず、私は新しい一歩を踏み出せなかったのです。

でも、クレジットカード決済会社の倒産というアトラクションが起きたおかげで、「今のままでは良くないね」という見解を全員で共有でき、スムーズに仕組みの変更を進めることができたのです。

さらに、私にとって大きかったのは仲間の存在をさらに強く感じられたことでした。私がアメリカにいて身動きが取れない間も、仲間たちは連携をとって、相手先との折衝をしてくれたり、様々な動きを取ってくれた。ある意味ではその仲間たちの姿を見て、私は感動すら覚えていたのです。これも、大きなプレゼントの一つだと思っています。

おさらいしますね。

今までの常識や当たり前と思われている情報、ルールを疑う、あるいは分析する。

（　ミッションのために事は起こる。　）

そして、自分にとってこの常識は受け入れたいか、必要かを考える。

その上で、物事や人との間に、新しい考え方、関係性が生まれて良いんだという許可を下ろす。**「何でも許されるとするならば」と意識で、自分の想いを許し、現実化することを受け入れる。**

そして最後に、**全ては良くなるために起きているという想いでいる**こと。この三つの訓練を、私は楽しんでやっているという感覚があります。

自分にとっての「良い」は、自分にしかわからないものです。だからこそ、自分が必ず良くなる、と思えば、その方向に進んでいくはずなのです。

言い換えると、**自分にとっての「良い」を、明確にしておいてほしいのです。そのためにも、過去の常識や当たり前の情報を疑う、分析することが大切なのです。**

全ての答えは自分自身が持っています。自分の外に、答えはありません。今までと違う生き方や考え方、関係性を選択しようとすると、怒りや恐怖、不安、恐れが生まれることもあるのではないかと思います。しかし、それらも全て楽しめるのです。私は、そういう生き方を選んでいますし、私の仲間たちも同様です。

最後に。この本を読んでくださった方にお伝えしたいのは、**環境を選ぶことの大切さです。ネガティブな感情も楽しめる人たちと一緒にいる、そういう環境に居続ける。そうすることで、感情を味わうことが楽しいという領域に行けると思います。**

そうなれば、大きな変化を迎える時代が来ても、大丈夫。**人は変化や未知のものに対して、どうしても不安や恐怖を覚えるものです。これは、脳の仕組み上、仕方がないものですが、それすらも楽しめる、楽しもうとしている仲間といることで、意識は必ず変わっていきます。**

そして、全ては自分が選べる。このことを、ぜひ意識していただきたいと思います。

（空をよく見てね。）

メッセージ12の「まとめ」

【つまずきやすい原因】

トラブルを嫌なこと、悪いことだと思っている。

【うまくいくヒント】

全てよくなるために起こっている、と思ってみる。

- 目の前の現実を自分が創ったと思えなくても、思う努力をする。
- 大きなトラブルの後には、大きなプレゼントが来る。そう決めておく。
- 新しい変化や不安を楽しめる環境に身を置く。そういう仲間と一緒にいる。

（笑顔でいこう。）

【「全て良くなるために起こっている」と思うためのワーク】

□トラブルが発生した時ほど「この現実を自分が創り出しているとしたら？」と考えてみましょう。
□目の前の出来事がどうなったら嬉しいか、幸せかを感じてみましょう。
□このトラブルのおかげで、「大きなギフトが届く」とイメージしてみましょう。

Return to Human Episode　特別編

一般社団法人　楽読ジャパン　代表理事　石井真

頑張らないと、成功できない、うまくいかないと思っている

「頑張っている」状態でいると、人は本来持っている力を百パーセント発揮するこ

とができません。力が入っている状態では、自分の本当の力を全て出し切ることはできないのです。自分の全力、百パーセントの力を本当に発揮できるのは、楽しんでいる時。自分が楽しい、嬉しい、リラックスできている状態でこそ、人は本来の力を発揮できるのです。

「頑張っちゃっている」状態では、ある程度の結果が出たとしても、そこ止まり。でも、楽しく楽に取り組めている時は、自分が驚くほどの結果が出せるものです。それがわかり始めると、いかに楽しむか、面白がるかにフォーカスし始めるのです。

最後のReturn to Human Episodeは、特別編。楽読ジャパンの代表理事、石井真さんから見た、平井ナナエについてご紹介していきます。

石井さんは一九八二年生まれ、大学卒業後に不動産会社に入社するものの、仕事のプレッシャーや生き方への迷い、業界的な慣習などもあって一年半ほどでうつ状態に。手元資金があれば、自由に生きられるのではないかと考え、投資に手を出すものの、うまくいかない時期が続いたと言います。

当時、楽読のインストラクターをしていた後輩に投資商品を勧めに行ったことで、石井さんは楽読と出会います。楽読の体験をした後、石井さんは「これを作った人に会わせてほしい」と言い、平井ナナエと話したそうです。

楽読の受講を始めるのと同時期に、当時手掛けていた投資の仕事がうまくいかなくなり、石井さんは「楽読での時間を増やしたい」、「楽読で仕事をしたい」と思うようになったと言います。そして、二〇一一年に楽読のインストラクターになりました。

その後、紆余曲折の後に東京・八重洲スクールを立ち上げ、売上日本一のスクールに育て上げました。また、楽読インストラクター日本一を決める大会『R－1グランプリ』で二連覇を達成、名実ともに楽読のトップインストラクターとして活躍してきました。二〇一六年からは東京・神楽坂スクールのオーナーとなり、二〇一七年からは一般社団法人 楽読ジャパンの代表理事として、楽読全体の運営、舵取りも行っています。

長年、平井ナナエと共に仕事をし、近くでその姿を見続けてきた石井さんから、平井ナナエの印象や考え方などについて、ご紹介いただきます。

ぼくがナナエさんに初めて会ったのは、二〇一〇年ですね。楽読の体験を受けた後に「これを作った人に会わせてくれ」と当時のインストラクターに頼んだのがきっかけです。マンツーマンで、二時間くらい時間を作ってくれたんですよね。

最初の印象は「すごいな、楽しそうだな」と(笑)。ぼく自身は当時、投資の仕事をしていることもあってシュッとした格好をして、ちょっと自分を大きく見せようとしていたというか、力んでいるというか、頑張っちゃってたな、と感じます。今にして思えば。

ところがナナエさんは、いい意味で子どもみたいというか、無邪気というか、エ

ネルギッシュな感じ。あるがまま、着飾ることも、カッコつけることもしないという感じでした。

話している内容は、当時はあんまりよく理解できてなくて（笑）、でも、ナナエさんのそういう姿を見て、自分もそうなりたいなと思ったんですよね。それで「どうしたら、ナナエさんみたいになれるんですか？」って聞きました。そしたら、「楽読やっとき」って（笑）。

「楽読をやったら、子どもの脳になるんやで」って言われたのを覚えてますね。で、子どもの頃は楽しかったな、子どもの脳はちょっと良いかも、と思って、楽読を始めたんです。

楽読のインストラクターになってから、しばらくはなかなか結果が出せない時期が続いたのですが、ナナエさんはずっと変わらずに見守ってくれていた感じです。

最初は受講生の立場から、それからインストラクターの立場になってナナエさんと接することになるのですが、ナナエさんの印象が全く変わらないんです。最初に話した時と。

いわゆる会社の上司は、たいていちょっと嘘つきだったりするじゃないですか。体の良いことを、社内にも社外にも言ったりする。二枚舌を使ったりね。それが大人、という考え方もあるのかもしれませんけど。ぼくは好きではないし、共感もできない。

一方で、ナナエさんはそういうのが全くないんです。**常に同じ状態で、同じものを見て、同じことを言う。裏表がないし、嘘をつくこともない。そういうところが、本当に変わらないなあと思って見ています。**

ぼくにとって大きな転機になったのは、「田んぼ」でした。千葉県の奥地で自給自足プロジェクトをやっている方がいて、そこに行って過ごすのが楽しくて。楽読は究極、どれくらいの人とつながれたか、友だちになれたかによって、売り上げが伸びたり、伸びなかったりするビジネス。なので、ぼくにとって田んぼに行くのは仕事でもあり、喜びでもあったんです。

その田んぼで知り合った人とは、当然好きなもの、興味があることが一緒だから仲良くなりやすい。その状態で「まこっちゃんって、何してるの？」と聞かれて「速読の先生」と言ったら、みんな興味を持ってくれるわけです（笑）。

だから、営業しているという感覚もないわけです。自分の好きなことをして、自分の感情が幸せな状態になって、そこで友だちができて。それが結局、売り上げにつながったという感じでした。

でも、すぐにそこへ行けたわけではありませんでした。それまで、紆余曲折、色々ありました。でも、ナナエさんは「全て良くなるために起こっている」じゃないけれど、**とにかく「イケる」と見てくれていましたね。**ぼくがもう一つ殻を破れなかった時期も、思うように売り上げが出せなかった時も、**「イケる」「できる」と思って見守り続けてくれた**と感じます。

ナナエさんは常に、目の前の人を「できる人」として見る。でも、多くの人は今できてないと「できてない人」「できない人」として見てしまうのではないかと思います。宇宙経営的に言えば、自分自身が、目の前の出来事を創り出している。ここでも、同じことが起こるわけですよね。「できる人」と思うか、「できない人」と思うかで、目の前の人の結果が変わるわけです。

ぼくが今こうして、楽読ジャパンの代表理事をさせてもらえているのも、ナナエさんのおかげだと思っています。**ナナエさんのコミュニケーション、「できる」と認めて、見続けてくれたからこそ、今のぼくがある。**そう思っています。

だから、ナナエさんの考え方や生き方は、経営者や部下を持つ管理職の方、あるいは子育て中のお母さん方にも、すごく参考になるんじゃないかなと思います。自分の人生を大きく変えるきっかけになるだけではなくて、後輩や部下、社員たちが変わるチャンスになるかもしれない。

ぼくは本当に、ナナエさんに、そして、楽読に感謝しています。だからこそ、楽読ジャパンの代表理事という立場を務めさせてもらっている感じです。ぼくにとって、この仕事は恩返しだし、恩送りだなと思います。楽読を受け取って、リタートゥヒューマンしていく皆さんのため、そして、未来の子どもたちのため。ナナエさんイズムを受け継いで、次世代に継承していきたいですね。

楽読スクールについて

楽読MVP（ミッション・ビジョン・ポリシー）

M（ミッション）人が本来あるべき姿へ還る環境提供
人が人らしく生きる社会を創りたい！という願いを込めています。

V（ビジョン）世界ニコニコピース
世界中が平和になるのは、ひとりひとりが幸せを感じて生きていればそうなる、と感じています。

P（ポリシー）全てのベースは愛基準
人間だから失敗、過ちもあるでしょう。
しかし、愛を持って行なった失敗は大きな問題にはならない、と感じています。

楽読
ミッション
人が本来あるべき姿へ還る環境提供
ビジョン
世界ニコニコピース
ポリシー
すべてのベースは愛基準
Rakudoku

自分を愛して寝てね。

楽読クレド七箇条

楽読クレド七箇条は二〇一四年の楽読全国インストラクター研修のなかで、参加者とともに作りました。ミッション、ビジョン、ポリシーをさらに具体化した、楽読インストラクターとしてのあり方を言語化したものです。

1. 自我自賛し、波動を上げて生きます
2. ご先祖様、両親、恩人、ご縁に感謝して生きます
3. 自然と共存し、感性を磨き続けて生きます
4. 未来の子どもたちのために今を生きます
5. 世界基準の家族愛で生きます
6. 仲間と繋がり、世界と繋がって生きます
7. リターントゥヒューマンします

読クレド 7ヶ条

1. 自我自賛し、波動をあげて生きます

2. ご先祖様、両親、恩人、ご縁に感謝して生きます

3. 自然と共存し、感性を磨き続けて生きます

4. 未来の子どもたちのために今を生きます

5. 世界基準の家族愛で生きます

6. 仲間と繋がり、世界と繋がって生きます

7. リターントゥーヒューマンします

大好きな人は誰？

リターントゥヒューマン創業理念（原点）

二〇〇五年十月、平井の叔父が本町の事務所を使っていい、と連絡をくれて、始まりました。
とても素晴らしい立地で始まりました。

創業時、なぜ速読を伝えるのか？
それは「人が人らしく自分を生きれる社会を創りたい」と願っているから！
人が自分自身に自信を持つ事で人生が変わる！と強く感じたから。
人が自分の声に気付いて、自分の価値観で生きられる社会。
自分のことを表現できる社会。
人が人のことを応援できる社会。
人が自分と違う人のことを許容できる社会。

そんな想いを熱く語り続けて生まれたのが「リターントゥヒューマン」。

人が本来あるべき姿へ還る、と英語で表現するとどうなる？と友人へ質問したら、返ってきたのが、「Return to Human」だったのです！

この言葉をミッションとし、そのまま社名にすることを決めました。

楽読が様々な事業を経営する理由

楽読ではこれからも様々な事業を様々な地域で進めていきます。
そこには大きく三つの想いがあります。

①楽読の肯定的なコミュニティを全世界に

これからの時代、どういう価値感で生きていくか？がとても大事になっていきます。

（　好きなことを書き出してみよう。　）

楽読の「あなたの心の中の平和が全ての平和」という価値観が世界に広がることにより、皆さんの心の平和を作り続けます。

②次世代の子供たちに何を遺すかという視点

楽読はクレドにもあるように未来の子どもたちの為にどんな社会を遺すかという視点で取り組んでいます。一つ一つの事業には全て想いがありそれは未来の子ども達に繋がっています。

③仲間の想いをカタチにする

楽読のみんなはミッションを持っています。そのミッションを実現するために楽読は、楽読スクール事業にこだわらず、みんなの想いを元に世の中を優しくしていく事業をこれからもしていきます。

楽読の社会的貢献の宣言

楽読は、全社会の人々の肯定感を上げ、その人がその人らしく生き、社会に貢献する人財に成長させる為に存在します。

平井ナナエ
特設サイト

あとがき

いかがだったでしょうか？

『宇宙経営12のメッセージ　お金と人間関係編』の中で、ヒントになることはありましたでしょうか？

人は本を読んでいる時、わかったような気がします。
その気持ちになっていただけたなら幸いです。
しかし、本当に大事なのは実践することです。

この本の中で実践できそうなことはありましたか？

この地球へ私たちは「経験」をするために生まれてきています。
私たちは「経験」を楽しむために生まれてきています。
私たちは、この地球に生まれてこれることを楽しみにしてきました。
この地球で、経験なくして、本当の楽しさは無いに等しいということです。

経験があるからこそ、味わいがあります。
何の経験もない人生は意外と楽しいものではないはず。

だから、少しずつでいい。
自分の人生のハンドルを自分で握って、いろんな道を走ってみてください。

そして、この本をたまに開いて、また何かヒントをみつけて、またハンドルを握って道を進んでみてください。

安心を味わってね。

お金も人間関係も全て人生を楽しむためのツールだと感じてくるでしょう。
いろんな感情が味わいなんだと感じてくるでしょう。
実は……全てうまくいくために起こっています。
人はいつか肉体を離れます。
その時が答えです。今世の答えです。
今世の人生を楽しむものにするヒントをこの本からまた得ていってください。
たまに……この本を開いて……。
お金と人間関係を楽しめるように。

（体感が人生の全て。）

お金と人間関係を自分の思い通りに活かせるための人生ゲームを楽しんでください。

この本を通じて出逢えたご縁に心より感謝しています。

共に……人生を楽しむ同志として……。

いつか……お会いできます日を楽しみにしています……。

二〇二〇年五月吉日　平井ナナエ

平井ナナエ
特設サイト

できることからやってみる。

平井ナナエ／女性起業家

RTHグループCEO・楽読創始者
18歳で結婚し娘を3人授かり、23歳で離婚。シングルマザーとして完全歩合の営業の仕事で生活を支える。家族を守るために必死の想いで営業活動をし、トップクラスの成績となる。しかし、ある日突然、トラブルにより職を失う。その後、2006年大阪にて、速読教室「楽読」を開業。一度は倒産寸前まで業績が悪化するも、「宇宙経営」を実践してV字回復。そこからは、順調に業績を伸ばし、現在は日本や韓国、アメリカなど全世界に50以上の教室を展開し、インストラクター200名以上を輩出。現在は楽読事業の大部分を後進に譲り、日本や韓国、アメリカなどで、自身の体験に基づいた人生哲学や経営哲学である「宇宙経営」を伝える活動にエネルギーを注いでいる。2019年『宇宙経営12のメッセージ　「本当の自分」で生きれば全てうまくいく』(RTH出版)を上梓。
「宇宙経営」最新情報や、無料コンテンツも公開。
◆平井ナナエ公式サイトhttp://www.nanaehirai.com

宇宙経営12のメッセージ

お金と人間関係編

2020年5月5日　第1刷発行

著　者　平井《ひらい》ナナエ

プロデュース協力　斎東亮完、原田祥衣（ルネサンスジャパン）
編集協力　阿部弥央、橋本幸俊（RHクリエイティブ）
イラスト　Rie Kuwahata

発行者　太田宏司郎
発行所　株式会社パレード
大阪本社　〒530-0043　大阪府大阪市北区天満2-7-12
TEL 06-6351-0740　FAX 06-6356-8129
東京支社　〒151-0051　東京都渋谷区千駄ヶ谷2-10-7
TEL 03-5413-3285　FAX 03-5413-3286
https://books.parade.co.jp
株式会社RTH
〒530-0012 大阪市北区芝田1-10-10
TEL 06-6359-1997

発売所　株式会社星雲社（共同出版社・流通責任出版社）
〒112-0005　東京都文京区水道1-3-30
TEL 03-3868-3275　FAX 03-3868-6588

装　幀　藤山めぐみ（PARADE Inc.）

印刷所　中央精版印刷株式会社

ISBN 978-4-434-27476-3　C0034